我的
拉丁美洲

在混亂美感中擁抱自由

邵澤琴 著

墨西哥

古巴

海地
多明尼加

牙買加　波多黎各

❶瓜地馬拉
❷貝里斯
❸薩爾瓦多
❹宏都拉斯
❺尼加拉瓜
❻哥斯大黎加
❼巴拿馬

委內瑞拉

哥倫比亞

❽圭亞那
❾蘇利南
❿法屬圭亞那

厄瓜多

巴西

秘魯

玻利維亞

巴拉圭

阿根廷

烏拉圭

智利

拉丁美洲地圖
（橘色區塊是作者去過的國家）

自序

　　多年前，拉丁美洲對我來說曾是一個很難想像的世界。沒想到當2011年我因為擔任志工踏上了拉美之後，卻再也捨不得離開這個奇幻的國度。兩年志工計畫結束後，我選擇留在中美洲繼續給自己一些挑戰。

　　當被某件事、某個人、某個地方打動時，追尋它的念頭就已經刻在血液裡了。最能鼓舞人的，常只是一個簡單執著的熱情。2017年時我輾轉到了南美洲工作，並在這裡遇見了我的先生。

　　愛上拉美的我，適應了當地的步調，卻發現許多新踏上拉美的人，很容易遇到我初來時，一模一樣的狀況跟文化衝擊。比如對於效率要求的差別、治安狀況，甚至不同的異國愛情觀、家庭相處方式。我寫下這些有笑有淚、有好有壞的故事，希望讓人對這裡有更多了解，並發現它的可愛之處。

　　拉美幅員廣袤，每個地區有些共通性但仍有各自的風土文化。我們所聽到的，可能是真的、可能是各區或個別的現象，也可能源於拉丁文化與臺灣價值觀的差異，更尤其每個人都不一樣，就像不是每個華人都會功夫。本書也僅能反映拉美部分樣貌，以及作者個人的經驗。

　　也許看了本書，透過理解不同文化，讀者會發現「原來拉丁美洲有這些優點」，也或者領悟「原來臺灣所擁有的某些優點，其實很珍貴」。有朋友疑惑我為什麼要留在拉美，我認為世界沒有完美之地，每個地方都有它的好與壞，只有試著去理解它、不跟從人云亦云，才會創造出更多屬於自己的可能性、看見不一樣的世界。

邵澤琴

目錄

第一章
揭開治安真實的樣貌

第二章
PASSION熱情如火的拉丁美洲

第三章
拉丁美洲的愛憎情仇

第四章
拉丁美洲家人

第五章
拉丁美洲的承諾

第六章
拉美式工作效率

終章
拉丁美洲的曙光

第一章
揭開治安
真實的樣貌

第一節
伊凡的故事（上）：天堂宏都拉斯

約羅Yoro（見5-2、5-3　鄉村生活）／科班Copán Ruinas（見終章，跨越千年的彩色鳥）

　　現在是鄰近中午的休息時間，學生們還在外頭嬉笑打鬧，我旋轉把玩著手上的紅筆，不時在他們所寫的國字作業上做點註記。就在我不經意地抬起頭時，遠遠的有個人影似乎朝著教室走來，隨著他接近的身影，溫暖熟悉的笑容也浮現在我眼前，這人不就是……

　　「伊凡！你怎麼在這裡？」他的出現讓我驚訝又高興。他是一位優秀有禮的瓜地馬拉學生，後來拿獎學金到澳洲深造去了。

　　「老師！好久不見。」我站起身來，他張開雙手給了我一個拉美式的大大擁抱。

　　「哎！伊凡，真的好久不見哪！你怎麼會突然從澳洲回來？」我熱絡的問。

　　「現在放假，我就回來中美洲看看家人。」我沒問過伊凡的爸媽是做什麼的，只知在宏都拉斯南部工作，於是伊凡回來也就一次跑瓜宏兩國。

「那太好了，如果你有時間，我們去喝個咖啡好好聊聊吧[1]。」對嗜喝咖啡的中美洲人來說，咖啡館是一個很常見的聚會地。有一棟叫Metrópolis的大樓，裡頭有許多舒適的咖啡館，那裡是個好選擇。

「好啊！我可以請我家人載我們去那裡。」

「好，可是會不會太麻煩你家人了呢？」我有點擔心。

「不會啊！下午我們校門口見。」伊凡笑了一下，跟我講好時間後便離開了。

想想在伊凡出國前，我們也搭校車去過Metrópolis一次。那天傍晚我剛好約了幾個臺灣朋友到我家吃飯，我也邀約伊凡一起參與。Metrópolis離我家大約十分鐘，這麼短的路程，我就約他用「走」的到我家。走路本來不是什麼大事，但對許多人來說「在宏都拉斯首都的街上走路」就是一件極高風險的「危險」行為。

1　宏都拉斯為咖啡大國，盛產的優質阿拉比卡咖啡是它第一名的農業出口產品。據Instituto Hondureño del Café（IHCAFE）官方資料顯示，宏都拉斯咖啡產量占農業GDP約30%，已超越香蕉成為出口第一大宗。

宏都拉斯海灣群島之一的羅丹島（Roatán）位於加勒比海，距離本島約68公里，有白沙灘、晶瑩溫暖的藍色海水，還是世界知名潛水勝地。

↑位於首都兩小時車程之外的小鎮丹利（Danlí）是玉米節的活動地。
→科班（Copán）的馬雅遺址，雕刻精美且有地下隧道，占地面積不大卻很有特色。圖為馬雅時期的其中一位統治者。

　　排除治安考量，宏都拉斯其實是一個農產品豐富、擁有良好氣候條件的祕密天堂。它的觀光資源特別多，西邊與瓜地馬拉交界的科班是馬雅遺址所在地[2]。北方加勒比海有美麗的海灣群島。東部神祕的森林地帶，則是聯合國列為瀕危的世界自然遺產普拉塔諾河（西語：Río Plátano）生物圈保留地，也是近年

2　馬雅文明的遺跡分布於現在的墨西哥東南部、瓜地馬拉、貝里斯、薩爾瓦多跟宏都拉斯5個國家。

來考古界矚目的焦點「黃金白城」所在地。

　　除了這些知名地點外，小鎮也都有它的可看性。不同時節的小鎮依照各自的特色有數不完的慶典、嘉年華，比如在盛產玉米的帕拉伊索省（西語：El Paraíso），從1977年開始固定舉辦「玉米節」，慶典通常在八月底為期一週。期間可以吃到各式玉米製作的食物、參加多場的演唱會，活動中還會選出該年度的玉米皇后。

　　不同的是，二十年多前可以安心漫步。白天孩子跟同伴在街上踢球玩耍，夜晚穿著時髦的年輕男女到迪斯可跳舞，凌晨時分再一起偕伴走路回家。當時社會上大家彼此相信、也樂於互相幫助。

　　那樣氛圍的時代已經過去了。現在的宏都拉斯年輕人一樣喜歡熱鬧、呼朋引伴舉辦派對，更少不了夜生活。只是生活蒙上了一層無形的陰影。

　　這二十幾年間的變化巨大，宏都拉斯面臨治安威脅、高失業率[3]等許多嚴重問題。在國內討生活困難的情形下，美國成了許多中美洲人眼中的一線曙光、趨之若鶩的夢想之地。

　　上層階級的宏都拉斯人捧著錢想盡辦法到美加去讀書工作，貧窮階級也自有他的一套生存方式，湊錢給人蛇集團以偷渡方式鋌而走險進入美國。每個人用盡他的所有方法跟資源，合法也好、不合法也罷的逃離。

　　中美洲以宏都拉斯、瓜地馬拉、薩爾瓦多這三國情況最為嚴峻，搶劫成了家常便飯，讓這些國家同時集危險和極度美麗於一身。宏都拉斯首都德古西加巴（西語：Tegucigalpa）及第二大城汕阜（西語：San Pedro Sula）逐漸成為惡名昭彰的犯罪地，在世界謀殺率的城市排行榜上高居不下。

　　「說危險也還好啦。」學校的一位英國老師輕鬆的跟我說，後面還不忘備註：「只要確保你無時無刻都開車，不要在路上走路就好……。」但書的條件原來是犧牲自由換來的。

3　數據來自於宏都拉斯國家統計局（INE），在2018年就業不足率飆升到62.8%。就業不足指的是工作時間低於標準，比如臨時工、建築工人，有時候一週或一個月工作不了幾天，得不到足夠的工時。

「老師，你千萬不能在街上走路。」全班學生在我剛到宏都拉斯時，睜著無辜的大眼睛叮嚀我：「到哪裡都一定要開車或叫熟識的計程車來接。」

實際運作時，除非自己開車，不然很難無時無刻去哪裡都叫計程車。走在街上，都得有一套自保之道。

第二節
伊凡的故事（下）：車窗內外的世界

收拾一下我的書跟白板筆，也該是跟伊凡碰面的時間了。午後的陽光照映在德古西加巴這個小山城，它名字的原意是「銀山」，曾以出產金銀礦產著名。由於位於海拔九百九十公尺高的山谷中，早晚涼爽的溫度令人感到沉靜。乍看之下城市倒也平靜，一時之間看不出什麼異常，還記得上回跟伊凡去喝咖啡也是這樣舒適的陽光，只是就在走路到我家的這段路上，伊凡當時邊走邊倒抽了好幾口氣。

「應該還好吧。」我歪頭看他，不過十分鐘路程，也沒什麼大不了。那次邊走邊聊，我的心情愉快走得輕鬆，他看起來雖然有些不安，也還是跟著我平安走到家了。

想想也許他就跟我其他的學生一樣，只坐家長車或開車，所以不太習慣走路。大家把走路這件事情想得太嚴重了，這沒什麼啊！

刷了卡片出學校，外頭一整排是學校的專屬校車，旁邊有幾輛汽車老早就在旁等候，許多大學生仍被父母小心翼翼的呵護接送，甚至家長平日還給孩子訂下門禁，就生怕有什麼閃失。

宏都拉斯的汽車跟別國不太一樣，幾乎每輛汽車都盡可能把玻璃刷黑，讓人從外觀看不到內部。駕駛間的溝通在這裡完全行不通，街道上一

中美洲黃色公車裡的小女孩。

輛輛漆黑的高級轎車駛過，裡頭可能坐著高官、生意人或是一般對治安感到害怕的普通人。大家在這一點上倒是有志一同，無不盡可能的武裝自己，做好層層把關與防護。更謹慎的，甚至在車裡放置假人，讓你從外觀模模糊糊看進去似乎裡頭的人數不少，不知到底坐著幾個人也看不出有誰。

　　大致上來說，只有兩種車用的是完全不加色的透明玻璃，從外頭可以清楚的看到裡面有多少老弱婦孺，窗戶大開吹著自然風，不時還可以把頭手悠哉的伸出窗外。那就是計程車跟窮人階層搭的公車。

　　一走出來，就看到伊凡已經在一輛玻璃刷得漆黑的轎車旁等我。照例從外面看進去，只是一片令人窒息的黑。他幫我開了前座的車門，神色有些無奈：「老師，你坐這裡。」

光Metrópolis裡就有好幾個咖啡廳，頂樓氣氛閒適還可俯瞰德古西加巴夜景。

「哦……好。」不知道為什麼有這樣的座位安排，我納悶的跨入車內，坐了進去。

本來伊凡告訴我是家人來接我們去，坐定位之後，理所當然我該跟他的家人打個招呼。定睛一看，左邊開車的司機是位穿著制服的保全人員，不是他的家人。這……，我微笑的跟旁邊保全點頭說了聲「你好」之後，再將頭扭到後方加上180度視覺環繞，仔細一看……

伊凡來的哪裡是什麼家人？他像夾心餅乾一樣坐在兩個配槍的保全人員中間。原來整車都是保全人員！

全黑的轎車飛快的行駛在路上，我驚愕的看著伊凡，說不出話。伊凡左右兩邊的保全人員身形魁武，再加上伊凡，三個男人像擠沙丁魚一樣的擠在後座。伊凡夾在中間動彈不得，看著我驚訝的臉，他表情尷尬：「我也很不喜歡這樣，可是我爸規定一定要配三個警衛才能出門。」

　　伊凡穿著一件普通的T-shirt加上牛仔褲跟球鞋，臉上無時無刻帶著些許靦腆笑容，看起來跟一般人無異。伊凡的爸爸在中美洲經商，即使如此我也從沒想像過，只是一個普通大學生的伊凡，出門隨時要帶上好幾個保鑣。

　　對照高規格的警備狀態，讓我不禁想起上回，我開心的帶著伊凡走在大馬路上，伊凡當時的緊張神情跟他說的話：

　　「我爸媽如果知道了，一定會嚇死。」

　　現在看了你的警備規格，我全都明白了。想起我這麼不怕死的帶你大刺刺地走在路上，我一邊回想也一邊冒冷汗。

　　「我真的很喜歡澳洲。」伊凡啜著咖啡。在Metrópolis十八層大樓的咖啡廳，午後舒服的陽光斜斜的照映下來，將廣場映得昏黃。廣場坐落著好幾間可以聚會的咖啡店跟布置優雅的法國甜點店，穿著西裝、體面的上班族，正開心的邊喝咖啡邊暢談。廣場上的氣氛一派悠閒，人們站著看孩子踢球、或坐在水池噴泉旁滑手機。

　　「除了在澳洲學了很多東西之外，還可以走路去上課。」現在的伊凡可以當一個平凡的學生，隨意搭公車去任何地方，再也不需要貼身保鑣無時無刻跟著他，他恣意享受這種自由，即使只是在街上走路也不再是奢望。

　　我不經意透過咖啡店玻璃窗往外望，大馬路上架著一座殘破不堪的天橋，行人們走上這座斑駁的天橋，來往穿越車水馬龍的Suyaba路。橋下那個先生坐在路中間，面無表情的乞討。外頭的市井大眾，衣著裝扮明顯的與這個廣場上出沒的人有些差別。他們通常只是經過而不會踏進這個廣場，

正如同這個廣場的人，也不會踏出去。

夕陽西下，看看時間也差不多了。

「老師，我們走吧。他們已經把車開來要送我們回去了。」

「好。」我點點頭允諾，跟著伊凡走出咖啡廳。

全黑的轎車已停在外頭，重複著跟來的時候一樣的動作，這次不用多說，我也知道SOP流程了。我上車在前座坐好，伊凡的保鑣坐進後座，把伊凡夾在中間，接著坐進另一個持槍保鑣。關車門，走人。

黑色車窗嚴密的緊閉，車子平穩無聲的行駛在道路上，像是與外頭的世界徹底隔絕，密不透風的防護為的是要讓人安心。向外看出去，是更多緊閉車窗的豪華轎車，穿雜著擠滿普羅大眾以危險著名的黃色公車。

我們要前往一樣的目的地，但彼此沒有交談的可能，到達目的地的方式也不相同。投射在幾乎是所有中美洲人的夢想上，其實早在這一刻之前就已經決定你我怎麼走入美國夢的分歧路。

第三節
德古西加巴街道風景（上）：我的神奇玉米袋

「砰砰砰砰　砰砰砰」

劇烈刺耳的聲響劃過暗夜，現在是半夜，我已熄燈躺在床上準備睡覺，外頭這突如其來的巨大聲響震入耳中，我瞬間張開眼睛，腦袋也變得無比清醒。

「是鞭炮聲嗎？」這個時間怎麼會有人在放鞭炮？這個聲音音頻較高，中間不時還稍微停頓一下，也不像鞭炮是連續的短爆響。

「啊！是槍聲！」突然意識到這是槍聲的我嚇了一跳，反身跳下床，稍微將身體放低。我就住在馬路旁邊的三樓公寓房間，與外面僅隔著一扇

洲際飯店是知名的舉辦大小型活動、宴客、開記者會的地方，當有重要賓客來訪時，飯店外戒備森嚴。照片中Pricesmart後方正是我居住的公寓。

玻璃窗戶，以聲音來源跟震耳欲聾的聲響來判斷，開槍的人近在咫尺，我一時手足無措也不知道外面發生了什麼事，只能消極地默默等它停止。

十幾聲槍聲結束，整個世界又歸於一片寧靜，彷彿什麼事也沒發生過。期間既沒有人走出來查看，其他的公寓室友們也沒有任何動靜，我心下鬆了一口氣，卻也一夜難眠。一直到隔天早上跟別人七嘴八舌的討論，才知昨晚是有人喝醉了，所以跑來樓下對空鳴槍。

第一次聽到槍聲，我才剛到宏都拉斯不到兩個禮拜。

許多拉美國家貧富差距懸殊極大，宏都拉斯是其中一個例子。少數人掌握大部分資源，架構了一套多數人無法輕易透過努力翻轉的命運，無論是少數的上層階級、多數的下層階級跟少得可憐的中產階級，大都習慣依賴緊密的人際關係來過上更好的生活，你有什麼背景關係能依附誰，決定了你怎麼生存。各階層明顯的在資源、社交環境、生活上，以至於思考模式都被層層切開，一個國家卻似乎是活在兩個完全不同的世界。

首都近年內變化很快，發展起好幾座高級購物中心，同時治安迅速惡化。上層階級通常不願意涉足像是菜市場、舊市區中心等他們認為「危險」的地方，於是高級的消費區便成為上層階級消遣的好去處。

我所居住的公寓大樓環境算很好，距離最熱鬧的購物中心步行僅兩三分鐘，它的對面是各國元首來訪時，舉辦記者會的五星級「洲際飯店」，我們距離總統府也僅約三分鐘車程。

但居住在聽似優渥的環境條件下，並不能保證你的安全。儘管本棟公寓跟對面大樓都有警衛，搶案還是不時發生，幾年前軍校生被搶及槍擊事件，也都是發生在這棟大樓樓下。

無論高級區也好貧民區也罷，首都沒有一處能保證完全安全無虞，即使走在高級區都有被搶的可能，差別只是在於，在貧民區被搶甚至看到有人橫死街頭的頻率比較高。和伊凡去喝咖啡的高級大樓，地下室多達五層樓，駕著車越往下開，下層就越昏暗且人煙稀少。好友約書亞（Josué Romero）再三提醒我，千萬不可以到它的最底層去，即使上頭是高級區，地下室治安死角發生搶劫還是時有所聞。

由於治安太差，每個人都必須有自保之道。兩個朋友開車帶我出去玩，剛好冷氣壞了，頂著中美洲的藍天跟大豔陽坐在車上非常燥熱。他們頂著大汗坐在前座的左右兩旁，只要是車子在行駛的狀態，便迅速一人一邊用手搖桿把車窗搖下來，讓令人舒暢的涼風瞬間從車窗內灌進來。一遇到必須踩煞車的紅綠燈，他們就像雙胞胎一樣，又同時飛快的把車窗搖上去。

↑中美洲人把印有各種不同花樣的玉米粉或麵粉袋，做成提袋來販售，一個大約臺幣十元上下，十分牢固耐用，我在風險較高的地方使用它藏重要物品。
→中美洲的超市內掛著禁止使用槍枝、刀械的告示牌。（攝影／偉恩、小芸）

「你一定得這樣做。」坐在如同烤箱的汽車裡，朋友轉頭對面有難色已汗流浹背的我說。不這麼謹慎小心，常常停個紅綠燈，槍頭就從車窗外伸進來了。要是再遇到尖峰時段動彈不得的大塞車，想躲也沒得躲。真遇到有人搶劫怎麼辦？是該尖叫？該拿傢伙跟他對抗？還是現場搬救兵？

當地人最好的建議是「別抵抗，把他要的東西交給他」。

於是，必須獨自在宏都拉斯活下去的我，參考並應用了一些求生技能。例如把錢放進「襪子」或「胸罩」裡，這兩個祕密藏錢點都不錯，只是尷尬的是，將藏在鞋襪裡的錢掏出來時有點臭，或是在菜市場付錢時，得把手伸進衣領在胸口前東掏西挖，弄不好可能會被當成變態。

如何自保是每天出門前想的第一件事，長久下來我也自創了幾個掩人耳目法。要去銀行辦理重要事務前，我總會帶上一本書，許多地方效率緩慢，在銀行、超市排隊等上一個小時都很正常。基於安全考量，中南美洲的銀行內禁止使用手機等通訊工具，帶上一本書除了可以打發時間翻閱外，還是夾提款卡跟藏錢的好地方。書本或是不起眼的物品就是沒人想搶的好道具，你可以帶著一本書輕鬆夾著鉅款出門。

攜帶包包容易成為被下手的目標，因此我唯一一個精緻的包包，多半時間只能束之高閣，僅在確保安全無虞才拿出來使用一兩次。

「呃……我看你的『包包』還是放在我的袋子裡好了。」朋友的表妹濃妝豔抹，她皺起眉頭無奈的用兩指提起我的塑膠袋，似乎對於我帶著這袋跟她出門感到很丟臉。

我習慣把小錢包放在黑色的破塑膠袋裡提著出門，這一袋看起來就像是垃圾，提著它在路上甩來甩去，還可逛百貨公司，自在的很。

拎著一個破破的玉米袋、穿著夾腳拖鞋、身上的衣服已褪色尺寸不合，為了要安全的走在街上，我精挑了幾套慘不忍睹的服裝，靠一身讓人看了都想掬一把同情淚的裝扮，漫走在世界謀殺率第四高的城市德古西加巴[4]。

4　據治安及公共安全市民委員會（Consejo Ciudadano para la Seguridad Pública y la Justicia Penal A.C.）統計資料顯示。2011—2014宏都拉斯第二大城汕埠市連續四年為非戰爭區全球謀殺率最高的城市，首都德古西加巴則落在第4—6名之間。2019年全球謀殺率最高的城市是墨西哥跟美國的邊境城市蒂華納（Tijuana）

我讓自己盡量處於空手狀態，帶出門的永遠是那支僅有簡訊及接撥電話功能的舊式手機。五年來難得一兩次光明正大的在首都街上拍照，正是因為總統訪宏，飯店外部署了重兵跟警察，才敢放心捕捉街景。想在其他時間歡樂的掏出手機，就只能賭你的運氣。

第四節
德古西加巴街道風景（中）：草根精神

「老師，我想問你。」單純的小男孩瑞南向我提出了一個問題。
「你說。」

由於治安堪憂，許多雜貨店會加裝鐵欄杆，透過空隙傳遞跟交易商品。（攝影／淑婷、家吉）

「你已經被搶過了嗎？」就像是問「你吃飽了嗎？」這樣的口氣，瑞南隨口問問。

「呃。」我愣了一下：「沒有啊。」

「我跟你說，有一次我們十個人去海邊慶生，結果遇到兩個拿槍的歹徒，他們把我們一一搜身了一遍，大家都被搶了。」瑞南用敘述昨天晚餐吃了什麼一樣的語氣跟我分享他的經驗。

我還來不及反應，另一個十八歲戴著眼鏡、個子小小的女生黛博拉迅速接話：「前一陣子我戴著耳機走在購物中心裡，後面有兩個男人，他們以為我在聽音樂沒注意他們，就討論起要怎麼抓住我。」

「啊！這樣不是很危險嗎？」想到這些畫面我都擔心起來。

「可是真的很好玩耶！」她興奮的模擬起當時的情形。

「我假裝在聽音樂，快走幾步就把他們給甩開了，我是不是很聰明？」險些被綁架的情況，對她來說就像個小遊戲。

「老師你要多小心。」學生們像茶餘飯後的閒聊般，七嘴八舌分享自己被搶的經驗，還不時叮嚀我要提高警覺。他們都只是十七、八歲的孩子，但在討論起槍枝、搶劫暴力上已是十分習慣跟純熟。

我在家開設的小家教班，兩個孩子的家長是中國人，她們來我家上課時，家長把握等待的時間，常會借用水龍頭接水管在外頭洗車。這天我的臺灣朋友剛好也在，他跟家長聊了一陣子後突然跑進來。

「剛才家長為了要方便蹲下洗車，從腰間拔下一把槍耶！」他面色發白，緊張的悄悄跟我說，似乎無法想像怎麼會有人帶這個東西來上課。

有人是為了要自保，也有人是為了要犯案，大家從合法或違法管道各自取得槍枝[5]。首都的商家、餐廳也總是聘僱持槍警衛站在外頭，警衛的那一把一定要大，才能讓窺伺的敵人從360個立體角度都能看到它，達到嚇退

5　依據宏都拉斯新法律，只要年滿21歲，繳交一些文件比如良民證再通過考試就可以拿到合法的持槍證，並可持有三把槍枝。舊法律的門檻甚至更低，只需要滿18歲即可，一人可以合法持有五把槍。

舊市區的街道上，婦女們將玉米餅用布包好放在盆子裡頭販售。

敵人的效果。

　　我家巷口的轉角也有一家中國餐廳，警衛總是背著一把長約一公尺的步槍，有時候他手撐著那把步槍呆呆的望著藍天發呆、有時候他背著槍一邊溫柔的餵小狗，步槍就像是他的朋友，陪他度過漫漫長日。那天我一個人抱著二十公升的水，氣喘吁吁走在回家的路上，經過了那裡。

　　「我幫你把水搬回去吧！」警衛看到我搬得很辛苦，連忙走上前來。

　　「哇！真的嗎？太感謝了！」我像看到救星般感動，他一肩將水桶扛起來，跟著我邊聊天邊緩步走。

　　我打開了家門，警衛也彎腰想把水放下，此時，他身上掛的那把步槍卻卡住了。他皺眉的看著礙事的步槍，先一把扯下它，重重的把槍「砰」的一聲隨性丟在我教學用的桌上，再小心翼翼的將肩上這桶水輕輕卸下。

拉丁美洲各國的街頭常能看到各種精彩雜耍,街頭藝人利用一分鐘停等紅綠燈的時間,將繩索繫在馬路兩端的電線桿上做走鋼索表演。

　　我的目光不禁集中在那一大把步槍上。這位大哥扔槍怎麼像菜市場在扔豬肉一樣,這是什麼奇妙畫面。「來喲!一把五十!」如果加上這個吆和聲也很搭啊!

　　在這裡,槍枝已經融入成為生活的一部分。

　　雖然我也曾幻想過是不是該配個槍防身,不過一想到打開實用視聽華語課本,從裡面掉出兩把槍這個畫面也不太對,還是打消了念頭。一般出門我會提個玉米袋搭配夾腳拖、破舊牛仔褲的普通裝扮盡量保持低調。只是亞洲臉在這裡實在太顯眼了,走在路上,身邊經過的路人照例對我投以好奇的目光,熱情一點的邊走邊笑著招手對我說「Hola.(你好)」。

「玉米餅玉米餅。」路邊的大叔叫喊著，眼神一邊隨著我移動：「玉米餅玉米餅，小中國女孩[6]，妳好漂亮啊！玉米餅玉米餅。」

「啊？」跳過前方坑坑巴巴的坑洞後，我轉頭瞄了他一眼。這位大叔在賣玉米餅的廣告詞裡穿插了其他好突兀的話。對上我的目光，他笑著蹶嘴做出親吻的嘴型。有時經過一些男子身邊，他們會突然湊近你的耳朵，大力的用親吻嘴型發出「姆啊」的親吻聲。拉美男人非常熱情，示愛時可沒在跟你客氣。

經過了大叔的玉米餅攤，頂著中美洲早晨的藍天，我站在路邊等開往菜市場的公車。「上車吧！上車吧！」黃色公車龐大的車體隨著不平的凹凸路面搖晃的駛來，公車上的一名男子半個身體吊在車外，用粗獷的聲音邊叫喊邊用力拍打公車，磅磅磅的響聲吸引客人上車。

「往市中心、球場。」男子口中叫喊，眼睛直盯著我。我一招手，公車隨即停了下來。

宏都拉斯的公車隨招隨停，你想在哪裡上下車都可以。沒人能理解什麼是「公車站牌」，當地公車會到的所有地點都寫在車體或是前方的玻璃上，有幾個特定地點比較多人聚集等待公車，概念就像「站」，但是沒有任何標示。

中美洲有大型跟中型兩種公車，中型公車乘載人數較少、速度較快。大型公車是漆上黑色線條，上面寫著「SCHOOL BUS」的黃色公車，它的前身是美國校車。超過使用年限的，就淘汰到了中美洲，被當成大眾公車使用。

第一次到洛杉磯時我非常訝異，路上購物中心林立、原版的黃色校車穿梭，加上洛杉磯有龐大的墨西哥、中美洲裔人口，很容易就可以使用西班牙語與人攀談，這讓我不禁脫口而出：「天哪！美國怎麼跟宏都拉斯首都差不多。」

---

6 許多拉美人從外表分不出來日本、韓國、臺灣人有什麼不同，於是一律稱亞洲人為「中國人」，親暱一點的叫法就是「小中國男孩」（西語：chinito）或「小中國女孩」（西語：chinita）。

美式文化滲透進曾為西班牙殖民地的中美洲，影響甚鉅。中美洲首都路上到處是麥當勞的店面、美式購物中心，讓某些區域看起來是一個個美國翻版。

實際上到了這裡，街道風景發展出拉美各地的獨特風格。公共區域是無奇不有的表演集散地。趁著等停紅綠燈的時間，常能見到各類的街頭表演，是一個可以隨心自由發揮的地方。

那個宏都拉斯男子走到長長的車陣前，手裡拿著點燃的火把，在口中含了一口烈酒後使勁往火把上一噴，瞬間「轟」的燃起一陣熊熊烈火。直到火勢轉小，他才走進車陣裡，接受從車窗內伸出的那隻手遞給他的零錢。

公車是另一個多角化經營舞臺，任何人都有表現機會。阿姨頭上頂著一大盆中美洲傳統點心玉米起司餅（西語：rosquilla），上了公車後她把盆子環抱著，從車頭一路走到車尾，沿路取出起司餅剝開讓大家試吃購買。

接著，大熱天賣飲料的、賣排蟲藥的，無論什麼人都可以上車向大家推銷自家產品，就這樣搭乘了一段路之後，到了下個目的地才又紛紛下車。

尼加拉瓜婦女把自己做的食物頂在頭上、沿街叫賣。

有人以宗教做感召，拿著一本聖經用抑揚頓挫的語調宣揚基督的事蹟，滔滔不絕的說了十分鐘，再來宗教募款。也有人向大家娓娓訴說他的感人故事，拿著照片跟醫生開的證明，說明自己的兒子生了重病，需要錢幫助他開刀。

　　等他們拿出捐款箱募款，總會有不少人抱持同情的開始掏口袋。對於有人溺己溺精神的拉美人來說，即使自身經濟條件不佳，他們也很樂意掏出一兩塊錢投入捐款箱。

　　拉美人掙扎頑強的草根精神，就透過庶民們顯現出它的活力。

第五節
德古西加巴街道風景（下）：莫名其妙的搶案

　　從剛到這裡，看到以搶案聞名的中美洲黃公車就嚇得避之唯恐不及的我，長期生活後逐漸融入當地生活，大家搭我也跟著搭。有一回坐在公車裡突然遇到有人搶劫，乘客跟搶匪兩個男人一對一單挑在後方扭打起來，整車乘客紛紛起身，爭先恐後搶著下公車。但當搏鬥結束後，大家就像沒事一樣回到座位。

　　這天我又在路上攔了公車要去市場，我抓住門邊的把手跳上公車，車上撥放的「reggaeton[7]」輕快的節奏，讓人聽了忍不住想從車門一路跳到座位。我挑了女孩旁邊的位置坐下，享受從大開的車門吹進來的涼風。司機頭上那臺液晶電視正撥放著MV，電視中的辣妹穿著泳裝，渾身溼透的從水中慢慢走出，當音樂進入主旋律時，性感辣妹又開始熱舞。乘客們像被吸入了音樂世界，全神貫注的盯著螢幕，還有人隨著節奏開始扭起來。

7　Reggaeton是90年代起發源於波多黎各的音樂類型，在拉美甚為風行，以西班牙語演唱並融合饒舌。2017年紅遍全球的歌曲「despacito」即為此一代表作。代表歌手有Daddy Yankee、Maluma等等。

這裡的大型公車就算外觀破爛，卻往往內裝豪華，大臺液晶電視、音響設備俱全。無論搭乘距離多遠，一律只要價四塊倫比拉[8]，出門坐一趟公車得到的是五星級的重口味聲光享受。

　　我輕鬆的聽著音樂，中美洲人的活力就是眼中的風景。突然，口袋裡的手機震動了，我順手掏出來打開訊息。是好友伊莎貝拉要邀請我去看她的表演，我看了一下內容，隨即把手機放回右邊的口袋。就在幾乎是同一時刻，我的眼角餘光瞄到右方一名男子起身把座位讓給一位太太，那位太太還感激的跟他說了聲謝謝。

　　「這麼有禮貌願意讓座，真是個好男人。」我心中暗暗讚許。

　　那名男子起身讓座後，卻慢慢挨到我的身旁。他湊近我身邊用蚊子般的音量，低聲說了一些話。我正面看向他，只斷斷續續隱約聽到他說：

　　「…Quiero ser tu amigo…no…（我要跟你當朋友……不要……）」

　　「你是要跟我當朋友，不要抗拒的意思嗎？看來這位大哥的交友方式也蠻直接的。」我納悶的看著他，半狐疑的瞎猜。

　　我的左邊還坐著一個女孩，轉念一想，他應該是在跟她講話吧！心中自圓其說一陣後，我把頭轉了回去，繼續看著前方發呆。

　　然而很快的，一個亮閃閃的東西從我眼前晃過去，只見左邊的女生把金耳環拔下來交給了那個男子，我坐在中間一副事不關己，看他們兩位神態自若的傳遞。我繼續發呆了好一會兒，隱約覺得好像哪裡有點不太對勁。

　　「咦？」終於，我睜大了雙眼彷彿突然醒了過來……

　　「現在是正在搶劫嗎？」

　　我重新轉頭看著他，兩個人四目相對，世界似乎靜的只剩下我跟搶匪先生用眼神交流互讀心事。

8　倫比拉（Lempira），宏都拉斯通用貨幣。2021年匯率約為1美金：24倫比拉。

首都德古西加巴街景，左後方的美國校車，在中美洲被當作一般公車使用。

「你在我旁邊站了這麼久，是要搶我的意思是嗎？」我用眼神詢問他。

我的口袋裡左邊有錢、右邊有手機，沒尖叫沒求救，就像人生跑馬燈一樣，短短的十秒鐘內腦中小劇場自動推論了一番……

「他應該是看到了手機才走來搶我，那他還不知道我另一邊的口袋裡有錢，這個時候最划算的做法應該是掏手機，但手機我還要用耶！號碼還得再換。可以給他錢，請他不要搶手機嗎？」瞬間陷入了內心的掙扎，我該掏哪一個給他？

像是在解答我的問題──「給我你的手機。」他說。

我確定了，原來現在真的在搶劫。

內心小劇場討價還價失敗，他指名要手機了，腦袋一片空白的我，默默掏出手機交給他，他得逞後很快就下車不見人影。旁邊的女孩子跟我仍若無其事的坐著不發一語，我們兩人異常的安靜，風輕輕拂過我的臉，我閉上眼，進入了天人合一的無我境界。公車繼續開，其他乘客悠悠哉哉聽著車上的流行樂，完全不知道發生了搶案。

　　過了好一會兒，旁邊神遊完的女生終於先開了口：「那個搶匪不太識貨，他居然沒有搶我的錶。」

　　我也想知道，如果我默默坐著完全不理搶匪，他會不會就自討沒趣的走了呢？也或者我差點被搶了幾次也說不定，只是以前從沒搞懂他們要幹什麼，看來某些時候神經大條也是有好處的。

　　「唉，看來又得換電話號碼。」每次朋友們知道我換手機號碼，便會擔心我是不是被搶，殊不知都是我粗心搞丟手機，結果這次還真的莫名其妙的中了。

　　「哎！克利絲……你要小心，宏都拉斯不安全啊！」微涼的晚上，好友阿蕾莉（Arely Fong）到我家一起煮飯、吃晚餐，她聽了我敘述在公車上被搶的經過後有些擔心。

　　阿蕾莉是宏都拉斯跟中國的混血兒，曾參加過華裔小姐選拔，非常美麗，同時也是我的好朋友。她來自東邊的城市奧蘭喬（西語：Olancho），在宏國土生土長，她成長的城市也是毒梟的出沒地，危險的開槍械鬥不少。

由於地形高低差，到處點綴著美麗的燈光，讓小山城德古西加巴擁有百萬夜景。

「放心放心，我會盡量注意的。」

「下次你要去菜市場跟我說，我開車載你去吧。」阿蕾莉好心的說。

「好啊！我們一起去買些好吃的。」

「那今天晚上我們要吃些什麼？」她探頭看了一眼，看我打算變出什麼。

「吃些臺灣菜吧。」我拿出冬粉等食材給她看，一邊跟她閒話家常的聊著。食物熱氣照的房子裡頭暖烘烘的，很是溫馨，兩個人有說有笑的煮飯，等著一起大嗑臺灣菜。

「好了，上菜。」等到最後一盤菜也上桌之後，我開心的搓搓手等不及要開動，阿蕾莉則是早已坐定位拿好碗筷偷吃了幾口。

正當我拿起碗筷時，「砰砰砰　砰砰砰砰」窗外突然響起那幾聲劇烈又熟悉的聲音。我訝異的張開嘴，舉著筷子的手似乎也凝結在空氣中。

「阿蕾莉！那是槍聲嗎？」明知是槍聲卻又不想承認，我希望她會告訴我：「不是，是你聽錯了。」

相較於我的倉皇，阿蕾莉完全沒停下的把三杯雞一口吃下，眼睛眨也沒眨，只是平靜的咀嚼著。

「對啊，聽起來是槍聲。」她抬起頭淡定的回答後，又低下頭繼續翻夾雞肉。

「那……現在要？」

「哦。等他把子彈打完就好了。」

「這個菜好吃耶。」她欣喜的說。

德古西加巴這個小山城的夜晚是這麼美麗，在微涼的天氣中，家家戶戶點起的燈光在夜晚如同山城裡的星。家人們圍聚在一起吃著溫馨的晚餐，笑聲從屋內傳出。而劃破天際的槍聲呢？也不過只是街上的一點點綴罷了。

↑僅僅距離德古西加巴半小時車程的小鎮天使谷（西語：Valle de Ángeles），氣氛與首都大不相同。許多藝術家在此創作，到處是特色咖啡館，環境優美安全。
↓前往小鎮天使谷沿路上的田野風光。

TIPS
拉丁美洲安全小提醒

1. 拉美無論去哪個國家都有安全跟非安全區域，狀況不一，並非都很危險或保證安全，需事先調查好。比如：宏都拉斯海島安全度高、中美洲尼加拉瓜、哥斯大黎加的治安普遍不錯，並沒有黑幫威脅。哥斯大黎加社會信任度高，相當流行攔便車。一般來說中南美洲的鄉村、小鎮的安全度都高出大城市許多。

2. 有些國家一個月發薪兩次，時間是在月中及月底，如果只發一次月薪，通常是月底。建議不要在臨近的時間去銀行領取大額款項或辦理事務，一來是由於需大排長龍等待時間漫長，二來歹徒常看準發薪的時機點行搶。

3. 聖誕節、新年等節慶對於拉美人來說重要，家庭花費開支大，因此節慶前後等也是搶案發生的高峰期。搶案不分白天夜晚，隨時都有可能發生，盡量低調、少帶貴重物品是上策。

4. 需要留意機車搶案，由兩人一組前者駕駛、後者持槍負責搶劫的機車搶匪頗為常見，在宏都拉斯、祕魯及哥倫比亞等國，已明令禁止兩個男人共騎一輛機車。

5. 搭乘計程車是剛到一個不熟悉的國家時，相對於公車、走路要來的安全的方式，某些國家計程車是喊價的，最好詢問當地人，先知道大概距離與價錢，以免遇到司機漫天開價。在危險的拉美城市，無線電計程車是較保險的選擇。近幾年興起的Uber也是一個選項，不過並非每個拉美國家都有。

我和巴西友人們在酒吧聽現場表演。

第二章

PASSION
熱情如火的
拉丁美洲

第一節
跳舞即是人生（上）：來跳舞吧！

　　一日落，陽光消失，晚上六點多的德古西加巴便散發著詭異的氣息，街上人煙稀少，再晚一點更不會有人願意出來，就像是一座死城。我謹慎的邊走邊東張西望，在這種不對的時間走在路上，心裡其實很害怕。周遭瀰漫著一股危險潛伏警戒的不安氣氛，我手裡死命的抓著一個黑袋子，看到其他路人也跟我一樣邊走邊神經質的東張西望。我攔了一輛計程車，坐上去後才稍稍安心。

　　「你要去哪裡？」司機瞥了一下頭。

　　「古巴餐廳。」我低聲報了地點。

　　司機在昏暗稀無人煙的路上開著，外頭沉寂無聲，只有偶爾經過一些還亮著燈的商家時能看到一些燈光，車子一開過又陷入黑暗寂靜。就這樣過了好一會兒，計程車終於在一間餐廳前停下。

古巴與中南美洲、美國的相對位置圖。

「到了。」我把手中的錢遞給他後，就急急的下車。

餐廳燈火通明，遠遠望去裡頭擠滿了人，原來大家全都聚集在這裡。老闆是古巴人，店裡除了有古巴美食，還有每個人來必點的古巴國飲調酒「mojito」。店裡平時也有老師來教舞，再更晚一點這裡就變成讓人大展舞技的騷莎酒吧。餐廳裡與街上的氣氛截然不同，來學舞的人放鬆的笑著，播放的音樂讓人彷彿置身在另一個世界。

「不好意思。」我拎著那包破黑袋子，避開正在旋轉跳舞的人群。我走進廁所，依稀還可以聽到外頭傳來節拍明確的音樂聲，我一邊哼著歌一邊拆開那個破袋子，從裡頭拿出一雙發亮的金色舞鞋。換上了鞋，我推開門走了出去。

Mojito是用蘭姆酒做為基底酒，再加上薄荷葉、檸檬、蘇打水、糖調製而成的一個清涼爽口的古巴調酒。

來到這裡的每個人，都變得不一樣。

我們專心跟著老師跳舞學舞，舉手投足一起做出伸展、旋轉的動作。老師卡拉在最前方，她笑著教導步驟跳法怎麼分解動作，由淺入深。她穿著緊身的無袖背心，肩頸乃至手臂全都是刺青，她踩著高跟舞鞋顯得腿部線條十分修長，也能更輕鬆做出旋轉動作。

在拉美各國都能找到專業的舞蹈教室，收費也不高，許多授課老師甚至是像卡拉這樣的國際舞蹈家。他們會告訴你自己教的是哪一種風格，也或者一堂課教多種舞蹈，除了活潑輕快的騷莎外，巴恰達（西語：bachata）、基宗巴[1]這些性感的舞蹈都是課堂中常見的搭配。

1　基宗巴（kizomba），一種起源於非洲安哥拉的性感雙人舞蹈。

第二章　PASSION熱情如火的拉丁美洲

整個拉美是令人目不暇給的學舞天堂，阿根廷、烏拉圭有勾人同時很勾腳的探戈、多明尼加浪漫的巴恰達、巴西熱情的森巴舞，除了這些大家較為熟知外，各地區更有多種舞蹈、音樂種類。在學過一段時間之後，舞蹈教室通常自己會舉辦派對或邀約學生到酒吧一起大跳特跳，這些專跳騷莎的酒吧就是讓人大開眼界的地方。

　　燈光微暗的騷莎酒吧，一首接一首振奮的歌曲把氣氛炒熱。許多高手在舞池中大秀舞技，一次七、八圈轉個不停。也有人不管舞步如何，想跳就跳。

　　「欸！你進步了耶！」好友理查德拉著我的手一邊轉圈一邊驚訝的說。從前跟他跳舞時肢體僵硬的臺灣人，現在居然會轉了。

　　「哼哼。」我冷哼笑了一下。他一向愛跳舞也喜歡找我去古巴餐廳，等到音樂轉換，我又跟他開始跳起巴恰達。

　　有時候最難的反而不是記舞步，而是能不能克服心理障礙。比如在課堂中的某一個巴恰達舞步，男生得伸出一條腿插在女生的兩腿中間，女生則必須用兩腿把男方膝蓋的部分夾住。

　　這個曖昧的舞步示範讓在場的所有人都驚呆了，拉丁學員笑成一團，尷尬的不敢動腳。「你們不要害羞，快跳呀！」老師鼓勵的催

巴恰達舞蹈中常出現性感貼近的舞步。卡拉（前）是多次代表宏都拉斯出席國際賽事的頂尖舞者。

阿根廷探戈的起源地拉博卡（西語：La Boca），19世紀末貧困的義大利移民來到這裡，用各色油漆把建築塗得彩色繽紛成了此區特色。街上到處是探戈表演、街頭藝人，也可以在此享用到阿根廷美食烤肉。

促，一邊繼續示範。她夾住男舞者的膝蓋，臀部再性感的劃一個圈。

　　天哪！這個撩人舞步讓人尷尬的想逃，我的人生跑馬燈彷彿又出現了，我看著門口的那道亮光，到底要不要奪門而出，從舞蹈教室中逃出去呢？只見大家面面相覷了一番，人都來了、頭也洗到一半了。

　　「音樂下！」老師喊了一聲。音樂響起，我的舞伴瞬間抓住我的手，糟了，你心理調適好了我還沒呀！現在要逃也來不及了。

奇怪的是，跟著節奏，腳還是會不自覺的動起來。我硬著頭皮跳這個讓人腦袋一片空白的東西，等到大家專注投入在這些技法優美的舞步，逐漸將音樂、舞步與身體融合協調時，呈現出的是一種性感柔軟的美。舞蹈不只是舞蹈，跳的更是拉丁美洲的性感靈魂。

不同舞蹈賦予了一個城市屬於它的獨特性，就比如被稱為是「南美洲巴黎」的阿根廷首都「布宜諾斯艾利斯」。阿根廷人的組成多半是義大利、西班牙後裔，城市的建築、街道設計風格，從外表到內在都充滿濃濃的歐洲氣息。

探戈的存在與南美洲的狂野奔放，是讓它與優雅的歐洲截然不同的分界。男女舞者跳舞時完全沒有笑容，用相當多的肢體接觸表現男女關係中挑逗與性感的勾纏，時而靠近的纏綿、時而遠離的拉扯，將情慾化為藝術表現。

探戈做為國舞，並不是每個阿根廷人都跳，年輕人喜愛的大多是阿根廷搖滾樂，暴烈的音樂張力感染鄰國，在智利、巴拉圭的年輕人中也很流行。

相對於比較困難、面部需要維持酷表情的阿根廷探戈，騷莎（西語：salsa）是風靡拉美，甚至全世界的舞蹈。隨著慢慢的開枝散葉，在各地發展出不同風格[2]。

洛杉磯騷莎跟紐約騷莎是現在最流行的風格。

2 常見的比如紐約、哥倫比亞、洛杉磯、古巴騷莎各式跳法。紐約騷莎跟洛杉磯騷莎只跳在一條線上，在這條線上做出許多複雜的旋轉動作。紐約騷莎舞步優雅，洛杉磯騷莎動作較誇張花俏，帶有極高的表演性質。哥倫比亞騷莎的舞步節拍則最快。

而第一個啟蒙我跳舞的，正是早在我在2013年時去的那個地方，也就是拉丁美洲的音樂舞蹈重鎮，古巴。

第二節　跳舞即是人生（中）：沒有古巴人

「1、2、3、停。5、6、7、停。」

大家隨著舞蹈老師數的拍子跳著，我跟著她小聲的數，生怕自己的腳步趕不上節奏。

老師反手掩上嘴，輕輕咳了幾聲，她因為生病停了好幾天課。

哈瓦那的街道上，海風吹來帶來絲絲涼意，城市樣貌跟古董車讓時間靜止在六零年代，書香氣息濃厚，街上常可見到二手書攤。古巴是世上獨特的存在，它真正的實行共產制度，工作的基本月薪只有四百塊古巴披索（CUP）[3]，以臺灣來說，可能吃一頓燒烤就是古巴人一個月的工資。

古巴人在早期，還是不被允許跟外國人說話的狀態。隨著逐漸開放，迅速為古巴帶來轉變，外國觀光客促進經濟發展的同時也帶入了資本主義的影響。古巴仍依照共產的方式運作，實行配給制度，物資缺乏卻又擁有許多國家欣羨的免費教育及醫療資源。

在被美國禁運制裁的同時，古巴向世界展現他們的軟實力，輸出大量的古巴醫護人員。甚至對非洲、委內瑞拉、玻利維亞及其他拉美國家提供醫療援助。

3　古巴從1994年開始實施貨幣雙軌制，國內同時存在兌換匯率與美元相同的古巴可兌換披索（CUC），以及古巴披索（CUP）兩種貨幣。餐廳這類針對外國人的高消費場所，都必須用CUC來支付，政府每月配給古巴人的糧食以及街邊小吃一類則需使用CUP。2021年取消貨幣雙軌制，只使用單一貨幣CUP，並將其跟美元兌換匯率定為24比1，基本薪資提高到2100 CUP。

↑古巴路上到處可見書籍，尤其在1950年代與卡斯楚一起領導古巴革命的切‧格瓦拉，他的肖像圖、書籍遍布古巴。（攝影／淑婷、家吉）

↓古巴國會大廈前，滿街的老爺古董車，是古巴街景的一大特色。（攝影／王昱允）

兩個在路邊悠哉修理車子的男人告訴我，他的車已經有七十二年歷史了，他們半開玩笑半認真的說要開到一百年。美麗的城市廢氣肆虐，許多哈瓦那人因此患有氣喘的毛病，就連我的氣喘病也在抽完一支雪茄之後復發，直到去古巴醫院吸了氧氣才緩解。

「1、2、3、停，轉圈！唰唰。」老師咳完後，又開始大喊。

我轉了一圈後驚慌的撇了她一眼，剛才那個「唰唰」是她張牙舞爪揮舞手中棍子的聲音。

「老師那一根好可怕。」我悄聲對旁邊的同學說。這畫面瞬間帶我回到小學課堂，也許揮舞它更能釋放出古巴人教舞跟學舞的魄力。

「好！再往左踏步加轉圈。」老師大喊，我的腳還未跟上她的話，同學們一下子突然全部踏步轉圈加速轉走，離我遠去，只剩我一個人尷尬的還在原地。

剛才是單人舞步，接著是由老師帶領的一對一雙人舞。每位學生會配一位專門的老師，配到我的古巴老師叫路易。

「女生只要維持住基本步法就好，女生就像是一輛車，男生怎麼帶，你就怎麼跳。」棍子老師抓住我的肩膀叮嚀一番後，就把我交給路易。

「喔喔……好。」面對棍子老師的激動，我連聲附和。

路易黝黑的臉上咧嘴對我展露出他陽光的笑容，他一邊跳著輕快的舞步一邊順勢拉過我的手。腳下保持著騷莎的基本步，一邊我們的舞步變化也開始。

「Enchufla！」棍子老師氣勢磅礴的大喊出舞步。

「啊！這個我知道，現在要轉了是吧！看我的。」我心一橫，眼明手快一把抓住路易的手就自己開始轉起來。

「啊！」路易嚇了一跳，失聲驚叫起來。

「啊？」我愕然的看著他。

「你不能自己抓住我轉啦！」路易沒好氣的邊笑邊跳：「女生只能靠男生引導來跳下一步。」

哈瓦那街頭的古巴音樂演奏。

「哦……我太主動了是嗎？」我挑一挑眉。

路易很高，至少高出我跟大部分女生半個頭，無論什麼舞步他都能很容易的帶著我轉圈，路易臉上帶著點玩世不恭的笑容，輕鬆的踩著節奏。相對於我則像是學生背書一樣，戰戰兢兢的皺眉數拍子、背步法。

洛杉磯騷莎舞步變化很多、表現方式花俏，比如女方轉個一圈順便摸一下頭髮，或手部在甩動時呈現幾乎蓮花指狀態，第一次跳洛杉磯騷莎時，我還盯著自己的蓮花指猶豫了很久，最終還是害臊的把它比出來。古巴騷莎則風格迥異，它結合了古巴的曼波、恰恰恰、倫巴舞，不斷的變換方位轉圈繞圈，舞步更加簡單純粹。

「呼！終於跳完了。」上了好幾天的課，我的搭配老師固定是路易。在轉完無數個圈之後，自己好像有點進步，白天上舞蹈課，那晚上呢？當然是繼續跳舞啦！哈瓦那每個夜晚在不同的騷莎酒吧都有派對，音樂奏不

停、騷莎跳不停、mojito喝不停,裡面清一色幾乎都是外國人。對剛從宏都拉斯首都被放出來的我來說,來到古巴街頭晚上居然還能亂走,怎能不夜夜笙歌。

「路易,晚上哪邊能跳騷莎啊?」下了課我愉悅的問路易,心情還沉浸在音樂中。

「好幾個地方啊!Obispo[4]路上的飯店也有。怎麼?你今天要去跳舞?」經過幾天相處,路易跟我也更熟了。

「對啊!要不要走?」我二話不說馬上揪他。

也許是我的邀約來得太快,他好像稍稍遲疑了一下,隨即又乾脆的答應:「好啊!」

4　Obispo路位於哈瓦那的舊市區,是一條充滿餐廳、酒吧、博物館的觀光鬧街。

「那我們怎麼碰面？」

「嗯……。」我思忖了一下，最好找的地點應該是我住的民宿，就在離舞蹈教室的兩條街上：「那就六點來xx民宿找我好了。」

已經約好時間、地點，我瀟灑的把包包一背就先回去等他，我住的這間民宿多半是日、韓的旅客，兩個大房間裡共有約十張床位，回到民宿我打算在出門跳舞之前先來吃我的晚餐。

「叮咚！」嗯？就在快要到我跟路易約好的時間時，門鈴響了。猜想也許是路易到了，我放下手中的飯就去開門。

「嗨！克莉絲。」果然，路易站在門外跟我打招呼，臉上綻放出他的招牌笑容。

「哎！你到啦！我正在吃飯，你先進來坐一下吧！」我自然的把門推開，請他坐在沙發上。路易走進民宿，只是在旁邊靜默的坐著，一句話也不說。我的重心都在豬排飯上面，沒意識到平時活潑的他，此時反常的安靜。

我津津有味的扒著手上這一份路邊買來的古巴豬排飯，裡頭是鹹紅豆飯配上滷豬排，口味跟中美洲的食物差不多，就在我專注的吃剩下的最後幾口時，民宿主人出現了，她是一位已經退休的大學教授奶奶。

「嗨……。」我正要跟她打招呼，卻看她臉色不太對。

「為什麼這裡有古巴人？」她臉上帶著怒意的大聲質問。

「啊？」我被她嚇了一跳，手上的豬排飯差點掉下來，周遭的空氣似乎凍結住了，無形的壓力瀰漫著。

「他是我的舞蹈老師呀！正等我去跳舞，我們馬上要出門了。」我對她略做解釋，想當初我會找到路易的舞蹈教室，還是她跟我推薦這個地方的呢！想到這一層關係，應該能緩和一下氣氛吧？

民宿奶奶聽了更大聲的咆哮，嘶吼的像是要把屋頂給拆了：「我不管他是誰，這裡一律不准出現任何古巴人！」

面對她突如其來的翻臉，我驚愕的看著她。管他什麼舞蹈老師還是她

自己介紹的，她通通不理。重點是，這個人是古巴人那就不該出現在這個地方，就算奶奶自己也是古巴人，對於其他古巴人可說是毫不留情面。

「只要是古巴人都給我出去！」最後這一句她對著路易咆哮。

路易站起身，既沒爭辯、也沒發怒，他一句話也不說默默走出去。盯著路易輕輕把門關上的背影，民宿奶奶看了我一眼，轉身憤怒的離去。

第三節
跳舞即是人生（下）：禁錮不了的自由韻律

我拿起袋子趕緊離開去找路易，只見他一個人沉默的靠牆站在門口。

「對不起……我不知道怎麼會發生這種事。」我對他充滿歉意，兩個人默默的走著，始終沒有人願意再開口打破這難堪的靜默。

「沒關係。」過了好一會兒，他淡淡的說。

「其實會這樣我也有心理準備。」他看著我淺淺笑了：「沒事，我們去跳舞吧！」

我帶著擔憂的眼神悄悄偷看他，看他一邊哼著歌，似乎已經不把剛才的事放在心上。後來某天民宿奶奶向我道歉，平靜的跟我解釋了她的理由，許多古巴人由於物資缺乏、生活太艱苦，會去刻意接近外國人希望能逃離古巴。讓古巴人進入民宿更是一個錯誤的行為，她民宿的外國客人就曾因此被偷走過許多東西。

我明白她的擔憂。路易揹負的是「古巴人」的原罪，某些人的行為，也被解讀成是他的行為。古巴人艱苦的生活環境，對比外國人來到古巴所展現出的富裕生活面貌。在古巴人身上拉扯的，是自由與箝制、資本主義與共產主義世界之間一場場的角力拔河。

路易跟我並肩走在Obispo路上，街上人潮熙來攘往，愉快的古巴音樂不斷從各個酒吧、餐廳傳出來，店家幾乎都駐有古巴樂團，整條路上是歌唱、演奏天籟的聲音。只是跟我的民宿一樣，放眼望去裡頭能看得到的古巴客人少得可憐。這些地方都以CUC[5]計價，常不是一個普通古巴人能負擔得了的價格，商店的目標客群就是外國人，酒吧坐滿了外國旅客，他們正搖頭晃腦的開心跟著打拍子。

　　在街上一樣能聽得到音樂，一個年約六、七十歲瘦骨嶙峋的古巴奶奶開始隨音樂扭動起來，她駝著背，巍巍顫顫的踩踏小小的步伐，這個街邊角落的瘦小身影，笑瞇瞇的跳起舞。外國人在店裡跳，古巴人則在店外的街上跳，一牆之隔切開了兩個世界，切不斷音樂的感染力。。

　　路易跟我到了飯店的酒吧區，隨著現場輕鬆的音樂，路易也笑著拉起我的手開始跳起來。

　　「路易，我們是不是該從舞蹈教室教的舞步順序開始跳呀？」我有些慌亂，他跳的舞步好像跟我平常學的不太一樣。

　　「當你出了教室，舞蹈就再也沒有制式規定了，你會遇到很多人，都跟你跳不同的舞步。」路易耐心解釋。

　　「你要做的是去感受音樂、感受舞蹈。」

　　路易邊跳邊隨著音樂唱起歌，

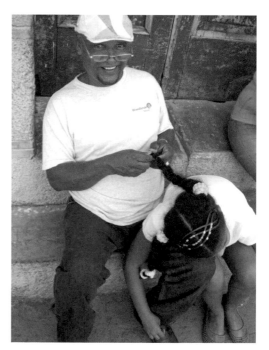

樂天愛笑又愛拍照的古巴人，希望我拍下他為女兒綁頭髮的溫馨時刻。

5　政府為了改善當地經濟，2021年1月1日起廢除古巴可兌換披索（CUC），只使用單一貨幣古巴披索（CUP）。

他閉上眼睛沉醉在舞蹈裡，流暢的帶我轉了一圈又一圈，節奏似乎融入他的血液成了身體的一部分。

當你以為跳舞就是要看著舞伴、把精神集中在舞伴身上時，你會發現，每一個古巴人跳舞都好像在自嗨，一下笑著看左上，一下笑著看右下，你完全無法抓住他目光。

「跳騷莎就是要笑著跳，笑著看這個世界，你的眼光不是在舞伴身上，而是全世界。」路易對我說。舞蹈完美體現了古巴人的意志，無論日子再難過，都要笑著面對生活。

過了一段時間，我的基礎騷莎舞課程也結束了。我去其他城市旅行了一圈，再度回到哈瓦那，還結識了一個挪威朋友喬尼。他跟我一樣是被古巴吸引來的背包客，我們邊走邊天南地北的聊旅行、聊舞蹈，他也因為興趣學了一些騷莎，而我們此時正穿過古巴音樂演奏區。

「街上一堆音樂聽了讓人腳很癢，好久沒跳舞了。」我咕噥的說。

「你都學了些什麼啊？」喬尼好奇的問我。

「就這樣，還有這樣啊！」我邊走邊比手畫腳，穿過川流不息的人群後，還順勢轉了一圈。

「嗯，看起來好像不錯，我學的跟你不太一樣，你看，我學的是這樣。」他也開始邊走邊比手畫腳，沒想到兩個人走個路動作也能這麼多。

「欸！要不要乾脆停下來跳好了。」

「好啊！」

他居然答應了，還興沖沖的瞬間掏出手機：「我剛好有騷莎音樂！」

這傢伙根本是人來瘋吧！

我左右張望了一下，發現了前方一個僻靜的地方，那個店家似乎沒有營業、燈光全暗，它面前還有一小塊空間，應該很適合稍微跳一下研究舞步。

「就那裡吧！」我指著那塊空地。

哈瓦那夏日的海邊。

　　我們走到店前，喬尼開始放起音樂。由於伸展空間很大又不怕干擾到別人，兩人就盡情的跳了起來。

　　「你要推我的手掌，要推啊！」喬尼跟我腳下一邊跳基本步，他一邊認真的教學。我們兩人的步法跟節奏不知怎麼的有點合不上，就在還在努力跟上音樂節奏時，一個奇異的感覺，讓我的目光不由得瞄向後方……那個燈光全暗的店家，它的門居然冷不防的自動打開了。

　　我跟喬尼一起停下，傻眼的看著門緩緩開啟，從裡頭走出一位皮膚黝黑健美、穿著短褲的小姐。原來，那家商店只是燈光暗了點，裡面可滿滿的都是人啊！她眉開眼笑的朝我們的方向走來，很明顯的她看到我們在跳舞，甚至剛才跳的那些舞步都被裡面的人看光光。這下尷尬了，兩個人頓時慌了手腳，被古巴人抓包的兩人要怎麼收尾？

「來，我跟你們說。」小姐走到我們旁邊，終於停下腳步。

「咦？」我跟喬尼疑惑的面面相覷一番，她想跟我們說些什麼呢？我屏住了呼吸，不知道聽到的會是讚美還是批評。

「你們可以跟著我這樣跳哦！」她自信的朝我們笑了笑，接著跟上音樂節奏，開始跳起她的騷莎個人舞步。原來她是想要跟我們一起跳舞！看她投入又自在的神情，我的腦海中似乎又浮現出了路易的身影。

喬尼和我相視一笑，也跟著她一起跳了起來。這不是什麼特定的舞蹈地點或教室，三人臨時起意，音樂、舞伴、感覺都是完美搭配，此時不跳更待何時呢？

沒有人會批評你跳得好不好，跳什麼舞步也不再重要，古巴騷莎不為了展現高超舞蹈技術，跳的是一種對人生的隨性熱情。古巴的觀光區酒吧也許屬於外國旅客，古巴人的舞蹈卻不受任何一處束縛，他們活在法令的層層禁錮之下，卻從來沒有人能禁錮得了他自由自在的心志。

作者古巴小筆記

古巴一直處於快速轉變當中。美國從1960年開始對古巴實施禁運，直到2015年美國與古巴恢復邦交，關係逐漸邁向正常化。古巴內部過去被明令禁止的事項也逐漸開放，比如從2008年開始廢除古巴人不得入住古巴飯店的禁令，允許能支付得起房價的古巴人入住。古巴大部分資源屬於國有由國家安排，從2010年開始，古巴人被允許可以自營小生意，2018年通過的新憲法草案並且承認私有財產。

古巴網路過去曾被政府嚴格控管，費用價格高昂，現在已普遍都能用較低的價格擁有網路。古巴人的經濟狀況、自由度好轉，有經濟消費能力的古巴人逐漸增加中，發表批評政府的不利言論仍被絕對禁止。

朋友要離開前所行的親頰禮。

第四節　拉美專屬甜蜜陷阱

「嗨！我的愛人。你今天要買什麼呢？」年約五十歲的雜貨店老闆娘親暱的對客人說。

「請給我一瓶可樂。」他若無其事的指了指櫥窗。

「謝謝你，我的愛人，再見。」老闆娘收過他手中的錢。

「¡Hola!（你好！）」是常見表達善意的問候，大多數的拉美人非常友善，在路上對到眼，即使彼此不認識也會展現親切的笑容，跟人隨意就

攀談起來常是很自然的。拉美人會用一般方式「先生、小姐」稱呼你，但如果聽到有人脫口喚你「mi amor（我的愛人）」、「mi corazón（我的心肝）」也不需太驚訝。拉美人身上愛的電量滿滿，對於親密的愛人或親友，尤其喚得親暱，能將甜言蜜語發揮到極致，哄的人心花怒放的一定非他們莫屬。

用揮手表示「嗨」跟「再見」，對拉美人來說顯得生疏。握手是基本禮儀，而「親頰禮」在中南美洲一般場合會面時更常見，中美洲通常見面時先口頭問候，右手一邊搭上對方的肩背，一邊拿右臉湊近貼上對方的右臉，然後兩個人同時發出輕輕的「姆啊」的一聲。

我把中美洲親頰的習慣帶到南美洲，親完右臉我正打算結束，馬上就被對方抓住了。他用一種「我還沒親完，你怎麼就跑了」的疑問眼神看著我，再把左臉也給親完。南美洲是「親頰禮」的進化版，一旦開始了，左右兩邊都要親完，有時候遇到人多，光是熱絡的親完一圈就要花掉好幾分鐘。

基本禮儀之外，對於身體的界線，拉美人無疑比較寬鬆。宏都拉斯男孩從後方親暱的環抱著女孩，她柔弱的依靠在男孩身上，男孩不時還輕輕在她髮梢落下一吻，他們維持這樣的抱姿跟其他人對談，自然融入在環境裡。看到這個畫面，心中暗自詫異的應該就只有我，狀似親暱的他們，只是熟識的朋友並不是情侶。並非所有人都會與異性有親密的肢體接觸，但如果出現這樣的情境，倒也是見怪不怪。

「原來這樣可以。」我暗自思忖。

拉美某些行為上表現開放，一方面卻又得常常符合保守規範，中美洲比南美洲更加重視表面形象。比如說中美洲女生雖流行穿低胸衣服，但除了派對場合，一般出入並不穿短裙短褲，清一色都是將下半身包得緊緊的長牛仔褲，男女朋友可能有私底下的親密行為，人們卻不樂見看到同居行為。南美普遍比中美更開放一些、忌諱較少。如果是派對場合，也可能遇到更直接的狀況。

事情要從在巴西的這幾天說起，這天正是巴西世足賽伊朗對上阿根廷的賽事，沒買到票的球迷們全都聚集在場外看大螢幕，我和朋友正認真關注比賽時，旁邊傳來一對男女的談話聲吸引了我的注意……

　　「你叫什麼名字呢？」臉上畫滿彩繪的阿根廷男人，用生澀的葡萄牙語對身邊穿巴西球衣的女孩搭訕。女孩也大方的和他攀談起來，隨著時間過去，他們的動作越來越親暱。等我再從大螢幕上回過神時，女孩已經躺在男孩的懷裡，看了一下時間，嗯，不過也才過了十分鐘。

　　「你真是漂亮。」男孩輕聲在她耳邊說。柔軟的髮絲因為他的氣息而亂顫，懷中的女孩正咯咯的笑。

　　「原來這樣也可以。」我暗自思忖。

　　很快的一場球賽過去，阿根廷漂亮的拿下這一局，現場歡聲雷動，球迷開始大聲的一首接一首唱起阿根廷足球歌，宏亮整齊劃一的歌聲震動現場，充滿狂喜的氣氛。正當阿根廷朋友們開心的瘋狂大喊時，兩個可愛的長髮巴西女孩朝我們走過來。

　　「嗨！恭喜阿根廷隊贏了，我們很為阿根廷隊開心。」巴西女孩綻放著大大的笑容。

　　「謝謝！」阿根廷友人們也開心笑著回應。

　　「是這樣的。」巴西女孩表情轉為一本正經，對其中一位阿根廷男孩說出她們的目的：「我想要跟你拍接吻的影片留作紀念。」

　　「哇！好直接。」我在旁邊抱著看好戲的心態，正想看他要怎麼接招，他下一句已毫不猶豫的回答：「當然沒問題。」

　　他紳士的偕同女孩往前走了兩步，兩人自然而然的法式熱吻起來，女孩的朋友也拿出相機盡責的為他們倆攝影。

　　「原來這樣也還是可以。」我暗自思忖。

　　無形的鎂光燈打在這對忘情親吻的男女主角身上，我和其他朋友在旁邊默默的等，幾個邊緣人靜默的互看了一眼，然後互相點了點頭。

阿根廷隊贏得足球比賽場次，現場氣氛陷入瘋狂熱情。

　　這樣的好事，很快的也降臨到我的頭上。巴西贏得足球賽事那天，我跟巴西好友珊德拉（Sandra Machado）一起去派對喝點小酒，一路上遇到不少熱情直接的巴西男人。

　　「今天在Vila Madalena⁶想吻你的男人應該有五個吧。」珊德拉笑著說。

　　「嗯，差不多。」我回答。

　　「那你都沒看對眼的嗎？」

6　Vila Madalena在巴西聖保羅市的西區，該區以藝術文化聞名，布滿了美術館、咖啡館、酒吧及夜生活，巷道裡可看到美麗的塗鴉藝術，吸引不少年輕人駐足流連。

「喂！」我沒好氣的翻翻白眼：「也沒這麼快吧！哪有人看到女生第一句話就是──寶貝，來親一個！」

「也許你們的文化不是這樣。」她還是笑笑的，聳聳肩說：「但說真的，如果喜歡也沒有什麼問題啊。」

在愛意表達直接了當的開放國度，只要雙方看對眼，也沒什麼不可以，哪像我們內心戲演了這麼久，常常八字都還沒一撇。什麼「我才認識你兩分鐘」這些都不是問題，拋開約束，珊德拉的話的確有道理。

拉美男人們對女性瘋狂放電、獻殷勤，讚美更從不吝嗇說出口，對許多從沒聽過這些讚頌的亞洲、歐洲女性來說，一來到這裡更覺得頓時眼睛一亮，像被捧在手掌心上，自然有股飄飄然的感覺。他們讓你感受到自己的重要性，恍若降臨拉美的女神。

然而拉美也可能讓女性瞬間從天堂跌入地獄。這裡，有最甜蜜令人心動的男人，同時也有法律對意圖墮胎的女性最嚴格的管控。

花言巧語包裝下常藏著謊言，那些不想負責的男人，常讓不小心懷孕的女性，必須獨自承擔所有後果。以天主教保守思想為主的拉丁美洲，對於墮胎視為違法的滔天大罪[7]。胎兒有殘疾、懷胎已危及母親生命，也絕對百分之百禁止人工流產的地方，拉美國家就占了好幾名，即使胎兒意外死亡，女性也可能被判處重刑。

開放的行為及思想模式下，以保守的教條與律法做為枷鎖，對女性很不利。頓時陷入困境的女性，只能靠拉美緊密的家庭關係支援度過難關。

在拉美當個人人捧的女神是件迷人的事，但想想那些陷阱，當拉丁女神並沒有想像的容易。看來接受臣民們讚頌的同時，也得睜大明亮的雙眼，懂得如何在澎拜的愛戀與瘋狂中分辨及拿捏。要當女神，也得當個聰明的女神。

7　拉丁美洲國家比如波多黎各、阿根廷、烏拉圭、古巴對人工流產的法律規定較寬鬆。大多數拉美國家對此嚴格管控，薩爾瓦多、宏都拉斯、尼加拉瓜、多明尼加、海地、蘇利南跟牙買加則完全禁止。

第五節　每一場都是盛宴

　　小王子：「儀式是什麼？」
　　狐狸：「儀式，就是使某一天與其他日子不同，使某一時刻與其他時刻不同。……」
　　——摘自《小王子》

　　有人說，在生活中賦予某些時刻或日子特殊的意義，同時幸福感也會提升。要說儀式感強烈的地方，目光便不得不放在拉丁美洲上。舉凡畢業典禮、生日、寶寶誕生前舉辦的「baby shower」、各種大小型的結業典禮，凡是正式活動，總能得到拉美人高度重視。

拉美父母包下場地舉辦派對為孩子慶生。

今天男學生們穿西裝、女學生則身著黑色套裝，教室裡黑壓壓的一片就像在參加正式的高級會議。面對這樣專業裝扮，我暗自心驚，我只是請他們報告一些像是「臺灣小吃」這樣的輕鬆主題，沒料到他們竟用如此高規格呈現。

「哇，你們今天看起來真專業。」看到同學的裝扮，今天沒有報告、穿著T恤的馬力歐，不禁張大嘴巴還不自覺坐正。

「那當然啊，今天可是要報告呢！」一身黑色勁裝的羅珊娜揚起頭。

報告沒有什麼服裝規定，只是對於注重儀表的中美洲人來說，用服裝展現你的專業形象就是「報告」的一大重點。

無論是什麼大小型的活動、課程，絕對少不了結業典禮跟一張畫龍點睛的證書。在拉美，典禮當天單位會隆重正式的發給證書，大家穿著正式又西裝筆挺，拍出的照片透露出每個人強大的氣場，令人對這場典禮充滿讚嘆。即使課程期間常發生什麼兩光的狀況，這些中間過程都不是重點，重要的是眾人期待已久的結業典禮，一個漂亮的ending。

拉美一般對於處理事情的積極度不太高，某項工作你即使叮嚀了五遍十遍，許多人仍會拖到不得不完成的最後一刻，才用緊急速度趕出來。在這樣的悠哉作風下，有一件事，我們不太放在心上，卻居然能讓拉美人半年前就開始主動催促我「必須好好籌辦它」，這件讓他們慎重籌備跟掛心的事跟工作沒有關係，那就是「生日」。

拉美父母疼愛子女，寶寶過「週歲生日」時，父母會準備食物、精心布置家裡或甚至租借會場，把寶寶打扮成小公主或蝙蝠俠等角色，邀請親朋好友舉辦一個盛大的主題派對。拉美女孩意義上由女孩轉變為女人的「十五歲生日」，更是早在半年或甚至一年前，就會提早開始規劃要怎麼慶祝。

希莉亞（Cecilia Lujan）邀我到她家作客，一走進客廳我就看到滿屋的家庭照片。其中一張高掛著的海報，背景是總統府，裡頭笑著自信擺pose的

希莉亞在十五歲的生日派對上與父親共舞,她的朋友們穿著西裝、小禮服盛裝出席為她慶生。

主角正是穿著禮服的希莉亞,看來造型、攝影地點都特別挑過。

「哇,你怎麼穿得這麼漂亮啊!」我指著牆上的海報讚嘆。

「喏,我這裡還有呢。」她打開下方抽屜抽出一大本相簿,翻了翻,裡面全都是她的藝術照。

「這些照片、海報都是為了過十五歲生日拍的,我媽媽特別買了禮服,請攝影師幫我拍。」她似乎很滿意。

一向沒有存錢習慣的拉美人,為了幫女兒過十五歲生日,常都願意提早擬定存錢計畫。帶女兒出國旅遊、送昂貴禮物、散盡千金辦場豪華的生日會,這些讓人眼花撩亂的慶生方式都是選項。如果手上有一筆鉅款,這筆錢就砸給女兒由她來選擇,錢要拿來買車?還是辦女兒的生日派對?有許多人可是會毫不猶豫的選擇──「辦派對」。

打皮納塔是拉美慶生時常見的活動,尤其在墨西哥跟中美洲最為風行。皮納塔有傳統的星型
圖樣,也有兒童喜愛的米老鼠、蜘蛛人,造型不限。

「那兒子滿十五歲呢?怎麼慶祝?」我問兩個拉美男生。

只見他們兩手一攤,回答一致「就正常的生日啊。」

「噢。」我們的對話結束了。

特別的十五歲生日跟拉美男孩沒關係,僅是拉美女孩獨有的傳統。

儘管「寶寶週歲」、「女兒十五歲」在拉美特別受矚目,其他的生日
也一樣不容忽視,慶祝方式有各式大小型的派對。

卡門是我年約四、五十歲的同事,在她生日兩三天前,邀約我參加她
的派對。備好禮物,當日我到了餐廳現場,只需看一眼就知道卡門會在哪
裡,那一區布滿氣球、食物,還安排了一個當地表演樂團,為了慶祝生日

她包下半個餐廳。餐廳用的是紅色的塑膠桌椅，整個搭配很有宏都拉斯的當地風格，給人一種來到熱情鄉下熱炒店的感覺，外面還有草叢。

「噢！克莉絲，歡迎你來啊。」卡門熱情的跑過來打招呼，並且招待我坐下後，我就開始忙了。卡門邀約來的都是感情不錯的同事。左右邊各聊個兩句、換個位置再閒扯一下，一邊嘴巴不得閒的塞食物，一邊聽當地樂團的主唱阿伯高歌。阿伯很會炒熱氣氛，他唱了好幾首西班牙語嗨歌，不時還串場講些笑話，就在中場氣氛熱絡時，皮納塔玩偶（西語：piñata）終於被抬出來。

一位同事拿出繩子，把一端綁在皮納塔身上，他瞇著眼，抬起頭使勁的把繩子另一端丟過天花板上的懸樑，再一拉，皮納塔就被吊了起來，這個小東西即將扮演的角色，正是今天生日會上的沙包。接下來的任務很明確，大家就是要拿棍棒打到它開腸破肚、裡面的東西掉出來為止，這樣的活動，第一棒當然交給壽星開打。

卡門在歡呼聲中撿起一根木棒走到皮納塔前面，同事用布條把卡門的眼睛蒙起來，抓住她的肩膀讓她轉個幾圈，弄到七葷八素後才開始。操作繩索的人，在她揮棒時還壞壞的把皮納塔給拉高，讓她揮棒落空。

只見卡門努力的揮打了好幾下，皮納塔依舊毫髮無傷，第一棒挑戰失敗。在大家的起鬨聲中，接連換了好幾個揮棒者，每一個人無不使出全力，凶狠的想要打敗大魔王破關拿獎勵。就在可愛的皮納塔受到好幾次重擊，臉都歪了之後，一個男生猛力的一擊，皮納塔竟隨著「砰」的一聲爆裂開，飛彈出了幾顆糖果，裡頭大量的內容物也像瀑布一樣唰的傾瀉出來。

「快搶啊！」全力發洩先打爆它，再看到糖果掉下來堆滿一地，眾人興奮的蜂擁而上，衝到前頭搶掉下來的東西。

我也趕緊趁亂跑過去撿地上滿地的糖果，第一個拿起來一看是水果糖，第二個拿起來一看是咖啡糖，第三個再拿起來一看「哇靠，這是什麼玩意啊？」

「哎呀！這是好東西。」旁邊的女同事看我找到那個寶貝，她欣喜之餘還不忘壓低聲量的喊，一邊順手也撿起兩個。跟著一堆糖果一起從皮納塔裡掉出了五、六個保險套，給成人慶生的皮納塔，居然還藏有這麼實用的東西。

從前我沒留心的那些一閃而過的小事，在這裡都能成為一場場美麗的盛宴。無論什麼大小事、誰的生日、典禮，只要是好事，拉美人都拿來好好慶祝玩鬧一番，大小型的嘉年華更是數不完。他們用心抓住身邊許多讓人快樂的素材，再把這些小快樂給放大。

「馬汀，生日快樂！」捧著蛋糕走來，我早就記下了學生的生日，我們一起為他準備小驚喜。大家在馬汀身邊圍成一圈，讓燭光照亮每個人洋溢著幸福的臉。原來，每一個美好的當下，都值得被慶祝，每一件小事都可以是生命中美麗的細節。我不再讓這些時刻輕易消逝而是選擇把握，能讓自己快樂的方式，在拉美，又被重新定義了一次。

宏都拉斯、巴拉圭的學生都曾偷偷為我準備生日驚喜，拉美人無論在哪裡都常自然流露出他們的甜蜜貼心。

TIPS
慶生玩偶簡單做

　　看完了拉丁美洲的慶生活動「打皮納塔」。如果你想為親愛的家人、朋友準備特別的生日驚喜，不妨親手製做一個簡單的皮納塔，絕對誠意十足又好玩。讓我們開始動手吧！

教學示範：Gloria María Herrera Arita
模型：小豬皮納塔
高度／寬度：55公分
材料及器具：報紙或雜誌等紙張、彩色薄棉紙或宣紙十五張、細鐵絲一捲、鉗子、大量的白膠或漿糊、兩個夾子、剪刀
製作時間：一日到兩日

步驟：

1. 先用鐵絲繞出自己想要的圖形架構，並使用鉗子剪掉多餘的鐵絲。

2. 使用大量白膠或其他糊膠把報紙貼在鐵絲外，至少密實的貼滿三層，要注意維持小豬的原型，不可留下坑洞。白膠風乾後可繼續下個步驟。

3. 將五張紙放在一起對齊之後對折。為了避免它們移動，可以用夾子夾好。（圖中僅以一張彩色薄紙做示範）

4. 對折三次後，將兩個夾子移到上方。紙的下方仍處於貼合狀態。

5. 將紙從下方一張張剪開，此時仍用夾子協助固定住。

6. 開始剪流蘇，流蘇之間盡量平均，大約一至兩公分寬。流蘇上方留約兩指寬，不可直接把紙剪斷。剪裁好之後把紙張分開。

7. 一層層由下往上貼。

　　可愛的小豬皮納塔完成了！可以用美工刀在小豬的頂部切一個L型的洞，方便掀開把糖果塞入。

★★★ 小技巧 ★★★

　　由於製作皮納塔需要大量的白膠來糊紙，如果想要自己DIY，中美洲流行的做法是將水煮熱後，再加入麵粉，充分攪拌熬煮成漿糊。比例大約是一杯水：三匙麵粉，待靜置到常溫之後，即可拿來取代市售白膠。

第三章

拉丁美洲的
愛憎情仇

第一節　露絲的祕密（上）：畢業酒會

　　有時候我會接到胡安（化名）打來的越洋電話。兩年前我同時認識他跟露絲（化名），從他們在一起、到分開、到露絲交了新的男朋友，這段歷程我都在他們身邊。即使已經分手了，胡安仍對她念念不忘，每次他在電話那頭用激動的字眼跟我訴說他對露絲的愛意時，我總默默的聽。

　　胡安穿著厚重的真皮皮鞋，戴著粗框眼鏡，他的穿著很有品味，看起來像是帥氣的雅痞，他每次回拉美時總會找我出去聊天。

　　「諾，你看這是我們兩個互傳的訊息。」坐在酒吧的沙發上，胡安舒服的蹺著腳喝啤酒，大方給我看訊息。只見上頭寫著：

　　「小狗狗見不到你很傷心，小狗狗不知道該怎麼辦。」

　　伴隨訊息，還有幾隻可愛的小狗圖樣。

　　「這是露絲傳給我的，我都叫她小狗狗。」胡安看著訊息像在對我解釋，又像在自言自語：「她說她很傷心。」

　　「可是你們都已經分手了，她也有男朋友了不是嗎？」邊滑著這封兩人互動像在撒嬌的內容，我試著提醒胡安這個事實。

　　「路易（化名）根本就像個孩子，他哪裡跟露絲相配？」他的話中帶著濃濃醋意。

　　相較於在這一頭接收到胡安直接的情緒，另一頭的露絲表現平靜，畢竟她現在也有男朋友。胡安跟露絲私底下還是保持聯繫的事，我裝做不知道，在露絲面前我不會主動提起，也許這樣能簡單點，只希望她跟路易的感情路能順遂。

　　「最近你跟路易過得怎麼樣？」

　　「一切都很好啊！路易是一個很好的男生，不菸不酒，工作勤奮也很

上進。」露絲笑著說。

「那太好了。」我衷心的為她感到開心：「你會不會跟路易結婚呀？感情路終於不用再走得這麼波折了吧！」

「你知道的。」她的表情突然轉為嚴肅：「我一直都很想結婚，不是我不想。」

「嗯。」

「我沒辦法跟胡安結婚，是因為他已經結婚了。我們還在一起的時候，他很多事情瞞著我。」露絲的神情有些黯然。

這的確也是最後導致她跟胡安兩人分手的導火線，胡安有一段名存實亡的婚姻，他和太太已分居卻遲遲沒辦理離婚，在這個時刻他遇到燃起他人生希望的露絲。但最後這段感情卻將露絲捲入三人複雜的糾結之中，疲憊不已的露絲只得選擇分手。

「路易的家人希望我住進他們家，說這樣也可以省點房租。」露絲接著將話題轉回目前的感情。

「噢？那你怎麼想呢？」

「我不要搬，克莉絲。一旦我住進去，他們會因為習慣了而草草看待，覺得就這樣就好。」露絲眼神發亮、振振有詞的說出她的想法：「我想要一場婚禮，只有我們分開住，才可能結婚、辦場婚禮。」

想要找到一個忠誠負責的對象有時候很困難，也有許多人有了孩子卻不結婚（見5-3章）。對一些拉美女孩來說，仍渴望能穿上白紗辦一場美麗的婚禮，露絲也是其中之一。

我們也相信或許有一天，深愛她的路易能滿足她心底的期望。過幾天就是露絲的畢業酒會了，路易早就偷偷私下寫訊息給我，希望我能用西語寫一段給露絲祝福的話。我寫了一些想給她的話語，還放上我跟露絲的合照後寄給路易。

露絲畢業的日子很快到來。畢業典禮對拉美人來說非常重要，象徵完

來到拉美，每個女孩的衣櫃裡總少不了幾套優雅華貴的洋裝。

成一項人生成就，如果孩子在海外畢業，父母甚至願意存錢千里迢迢飛去
參與這重要時刻。今天白天露絲穿著學士服參加學校所辦的典禮，而為了
慶祝自己畢業，露絲早在一個月前就邀約我，務必今晚參與她精心籌辦的
畢業酒會。

　　晚上我穿上一套紅色小禮服、畫了淡妝到酒會地點，想來這套衣服還
是露絲送我的呢！拉美女孩的衣櫃裡，至少有幾套正式典雅的禮服，拉美
人視為重要場合的典禮不少，這些衣服一定派得上用場。我走進裝飾金碧
輝煌的餐廳，走上旋轉樓梯，旁邊正是露絲的包廂，包廂裡坐了三十多位
露絲邀約來的賓客。

露絲看到我來很開心，拉著我跟幾個熟識的朋友拍了好幾張照片。今天的露絲穿著一件鑲著金邊、裙子及地的白色洋裝，顯得她氣質很華貴。她精緻的髮妝是特別去美髮店弄的，在拉美將自己打理好，門面很重要。拉美人花錢將自己弄得漂漂亮亮，美髮沙龍店密集，隨便走過幾條街就是一家。上回跟露絲一群朋友參加嘉年華，我大致畫個妝覺得就差不多，她們可是好好細緻打扮一番，直到我在旁邊不小心等到睡了一覺，她們才著裝完畢。

　　我和朋友們坐下來邊吃菜邊聊，女主角露絲則坐在路易的身邊。就在酒酣耳熱之際，大家聽到路易的聲音，一致回過頭。

　　「今天歡迎各位來參加露絲的畢業酒會。」路易拿著麥克風對賓客們說：「現在我們來看一下這支影片。」

　　會場的大燈轉為昏黃色的小燈，路易在電腦前面把檔案打開，電腦光照亮了他的側臉。此時餐桌前的大螢幕也開始撥放出動人的影音檔，朋友們留給露絲的話語與照片一張張打在螢幕上。

　　「噢！這一段不正是我寫給露絲的話嗎？」播放到我的這張PPT檔案時，我不禁掩住了嘴。看到我跟露絲的照片真是感動，我謝謝露絲一直在我身邊，也告訴她我會一直支持她。

　　接著播放到瑪麗亞那張時，眾人不禁笑出來，瑪麗亞留給露絲的話實在是太多了，光她一個人的就占了三大整頁的PPT。

　　「哎呀，我真的太愛露絲了嘛！」熱情的瑪麗亞笑到眼睛彎成月亮一般。

　　溫馨的氣氛中，親友的部分結束了。影片還在繼續撥放，伴隨著背景音樂「When you think you're alone. You can rest assured. I'm always there.（當你覺得孤單的時候，你可以放心，我會一直在那裡）」。裡頭的內容開始變成路易寫給露絲的動人話語。

「……露絲，我從未想過跟你在一起，會為我帶來這麼大的轉變……」

「……露絲，我願意為了你付出所有……」

大螢幕投影一張張的翻著頁，一行行情真意切的話語映入眼中，路易放了好幾大頁的動人詞語，過了好幾分鐘還沒播完，我忍不住偷瞄了一下，大家只是專注在投影片上。

「路易打了這麼多，怎麼像是在趁亂告白啊？。」我暗自納悶。

「……露絲，從我遇見你，我才找到生命的意義。你是我生命中最重要的人……」

字幕上一段段的告白話語，慢慢的讓氣氛起了微妙的變化，就在影片終於結束的剎那，燈光「啪」的一聲突然被打開。此時又聽到了路易的聲音，眾人轉頭看向露絲跟路易，都愕然的發出一陣驚呼。

第二節　露絲的祕密（下）：突如其來的真相

影片結束的那一剎那，燈光突然被打開。燈光聚焦打在男女主角身上，就像觀看一部偶像劇。只見路易單膝跪在露絲後面，手裡拿著戒指，用清澄的雙眼看著心愛的露絲，沉穩堅定的說：

「露絲，你願意嫁給我嗎？」

眾人本以為自己只是單純來參加畢業酒會，沒想到這突如其來的求婚，一下子讓現場譁然，劇情氣氛也進入高潮。一雙雙明亮的眼睛抱著期待，目光都集中在露絲身上，心一下子懸了起來，不知道女主角會怎麼回答呢？

露絲離我很遠又背對我，剛好看不到她的臉，只是隱約我覺得有點奇怪，她難道是被嚇到了？至少在我看來，好像沒有什麼特別開心的反應。

墨西哥Mariachi為生日會、各式慶祝會場帶來歡欣的氣氛。（攝影／Andy Chiu）

眾人屏息等待著，這兩分鐘安靜的像過了一世紀。兩排家長、親戚像幾尊大佛一樣坐著，露絲就站在中間。

「……我願意。」露絲美麗修長的背影，終於緩緩開口，朝跪在地上的男人點了點頭。

路易拿著戒指，小心翼翼的將戒指套在露絲的手上。這一刻，眾人都為之瘋狂。「哇！太好了。」大家興奮的歡呼，這真是太精采了，沒想到能有幸看到這麼用心的求婚。不只是露絲，這樣的好消息也給了我們大大的驚喜。路易站起身來、笑顏逐開的挽著女主角，怎麼看就是郎才女貌的一對璧人。

路易早已安排好的墨西哥式樂隊Mariachi[1]，在確定了好消息之後，紛紛拿著小提琴、小喇叭、吉他等樂器，吹奏浪漫的樂曲進場，一時之間歡樂的歌唱聲、演奏聲，讓整個餐廳瀰漫幸福的氣氛。

路易跟露絲牽著手面對眾人微笑，我為露絲找到好歸宿感到安心不少，拿起相機也加入拍照記錄的行列，朋友為路易跟露絲撒下粉紅色的花瓣，在漫天飛舞的花瓣中，路易擁著露絲輕輕的跳起舞。

「……能在露絲的酒會上，為她跟路易的愛情做見證，我真的很感動……」

回到家我難掩興奮，坐在電腦前打著今天酒會的經過、拉丁人美麗浪漫的求婚，再附上兩張路易求婚的關鍵照片。

「好了。」一彈指，文章跟照片就同時發送在網路上了，直到做好紀錄後，我才安心的睡去。然而才不過幾個小時，我就收到露絲傳來的訊息，我睡眼惺忪的揉著眼睛，定睛一看——

「克莉絲，你快點把那些照片刪掉。」露絲的簡訊非常簡潔。

「啊？」我瞬間清醒過來，傳簡訊回問：「你說的是酒會求婚的照片？發生什麼事了嗎？」

「對，反正就是刪掉。」她沒正面回應，只是提出要求。

「現在？」

「現在！」

也不知道她在發什麼神經，我打了個呵欠心不甘情不願的爬起身，把文章找出來。她昨晚不是答應求婚了嗎？我納悶的把昨晚關於酒會的一切刪除完後，打算繼續睡。

很快的半小時過後，一通電話打來了。這次不知道又是誰打來擾人清

1　Mariachi是墨西哥極具代表性的傳統音樂形式，墨西哥樂隊表演時身著傳統服飾，使用吉他、小喇叭、小提琴等樂器來演奏。搭配演唱的歌詞可以很廣泛，有以愛情為主題的，也吟唱對國家、對母親、對大自然的熱愛，在2011年被聯合國列為世界文化遺產。

夢，我睜開疲憊的雙眼，拿起手機一看。

……是胡安。

「你昨晚去了露絲的畢業酒會是嗎？」他的語氣很急，劈頭第一句就是問昨晚的事。

被這兩個人搞來搞去，我都清醒了大半。

「我問你，昨晚路易是不是跟露絲求婚？她還答應了？」他氣急敗壞的問，他的語氣讓我莫名的也有些心虛，明明他就在講昨晚眾人親眼所見的事實，我卻不知該怎麼回答。

「是……是啊。」

「他居然跟她求婚？她居然還答應？」胡安憤怒的大喊，我忍不住把電話拿遠一點。

「但……但是，他們是情侶，求婚也很正常的呀！」我勉強擠出這個看似中肯的回答。

「我告訴你，克莉絲。」胡安激動的像要把一切都發洩出來。

「你知道嗎？你們昨晚酒會吃的東西，全部都是我出的錢。甚至露絲身上穿的禮服，也是我特別為她挑的。路易能為她付出什麼？還不都要靠我？」胡安不顧一切的吼：「我費盡心思為了她付出所有，居然換來這個結果，讓路易撿了現成的便宜。」

「啊！」想到昨晚的畫面，他大刺刺說的這個真相，讓一切聽起來很尷尬。所以露絲才這麼急著要刪除所有跟昨晚有關的東西，封鎖消息？

我還處於震驚當中，胡安又繼續開砲。

「你知道我有多愛她，她開的車是我給她的。我還開了一個帳戶裡面存了錢專門供她讀書，她說她想繼續念碩士，我就幫她完成她的夢想。」

胡安還在叨念，我卻越聽越覺得煩躁。沒想到是這種情況，露絲挑了最聰明也最複雜的一條路走，她渴望跟路易有一段簡單平凡的愛情，事實上又無法徹底斬斷她跟胡安的關係、更無法失去金援。尋求男人金援幫助

的情形並不罕見，有時候是謀生能力不足、有時候是為了生活。

以露絲的情況，在貧富差距極大的國度，家庭本身無法提供足夠的資源，單只是為了求學，就必須在掙扎求生與實現願望之間載沉。他們缺乏很多後援，當然也不會有什麼「就學貸款」。沒有胡安，露絲要想走到今天，完成她的學業、舉辦這個動人的畢業酒會，是遙不可及的夢。胡安的愛是露絲人生的解藥，也是她成癮戒不了的毒藥。

「唉……如果你真的愛她，以前不把握，現在搞這些不是讓大家都難過嗎？」我無奈的搖頭。

胡安終於沉默了。

他似乎冷靜下來：「我跟我前妻早已分居但一直沒離婚。等我前妻發現露絲的存在，她開了很高的贍養條件，所以我更離不了。」

胡安悲傷的說：「我最終跟她離婚，但已經太遲，露絲離開我了。」

昨晚在眾目睽睽下成為路易的未婚妻，是個迫於壓力下的選擇，露絲沒有在大家面前說「不」的勇氣。她始終斬不斷跟胡安的關係、也拒絕不了其他追求者獻的殷勤，想要愛情也丟不了麵包，在第一個謊言之後，不得不用下一個謊言圓謊，把自己包覆在無限的謊言循環中。

露絲跟路易的婚最終沒結成，路易在某次不經意撞見她跟胡安偷偷碰面後，他們的關係直線下滑。路易破解電腦密碼，偷看了露絲跟胡安所有的訊息，謊言也如骨牌效應般一個個被拆穿。面對這一團亂的灑狗血場面，胡安正氣凜然的說要擔責任，露絲則哭成淚人兒，瞬間消失不見人影。

這個用美麗謊言堆起的世界終究還是崩塌了。

露絲像個嬌羞小女人一樣說想結婚；露絲眼神發光的說要繼續念書完成夢想；露絲嘆息為什麼在一起的過往對象無法有結局。露絲似乎不知道，她做了什麼樣的選擇而有今天的結果，她只是恨恨的問：

「為什麼感情跟人生這樣對我？」

三個人結束這場紛紛擾擾的鬧劇後，露絲跟另外一個有女朋友，同時又積極追求她的男人在一起了。

　　「可是他當初在有女友的時候同時追求你，真的好嗎？」露絲的選擇讓我擔憂，不得不多嘴提醒她，只是我考量的重點顯然並不是她的重點。

　　「我也不知道，但我覺得他很適合我。」露絲開心的說：「他也追我很久了，我們就給彼此一個機會吧！」

　　是複雜的人生選擇了她，還是她的選擇不自覺總將她推向複雜的人生？

　　墜入愛河的露絲，就這樣，又恢復往日的光彩。她開始期待起下一個可靠的男人會給她一場完美的婚禮。

　　感情世界像是一部高潮迭起的戲劇，而她卻不知道導演這部劇的正是自己。劇中的她，什麼時候才能為自己編寫一個完美結局？

第三節
來自兩萬公里外的男人（上）：求婚記

　　「所以你聽了露絲的愛情故事後，覺得怎麼樣？」我好奇的問旁邊這個拉美男人，代號D，他應該也聽過不少複雜糾結的故事吧！

　　D好像被我敘述的事情嚇到了，他皺著眉：「好複雜啊。」

　　「啊？是嗎？」我有點意外的反問。

　　「我不太懂這些感情的事，以前也沒交過女朋友。我只對電腦有興趣，你知道的啊！」

　　也對，這傢伙根本超宅，不菸不酒、對足球沒興趣，還完全顛覆一般人對拉美男人花心的想像。這樣單純又居家的D是怎麼來到臺灣的呢？

　　站在臺灣，只要直接穿過地心，就會到達巴拉圭。臺灣的「對蹠點」

臺灣到巴拉圭的飛行距離將近19,950公里。

是巴拉圭,這意味著它也就是離臺灣最遠的國家。亞洲白天時巴拉圭是晚上、亞洲夏天時巴拉圭是冬天,時間、季節完全相反。

　　我因為工作飛到南美洲巴拉圭,在來之前,對它的印象卻是「一片空白」。我曾經到阿根廷、智利旅行數次,冬季時安地斯山脈上積著雪,冷到讓人打顫。我猜想既然是鄰國溫度應該也差不多吧!為了對抗巴拉圭寒冬,我帶了雪衣雪鞋厚褲子。

　　「真是遙遠的國家,打死我也不要在這裡交什麼男朋友。」坐在飛機上啃著乾硬的三明治,我一邊在心中暗暗發誓。

　　朋友對我訴說的悲慘經驗,彷彿還言猶在耳,她和她玻利維亞的先生選在聖誕節旺季回南美的下場是必須轉機五次、飛行七十二小時,每個人還得為了買機票支付天價,可說是全家飛一趟就破產。一趟旅行是體力與荷包的雙重挑戰,玻利維亞不偏不倚,剛好就落在巴拉圭旁邊。

　　想到她的遭遇,我不由得打了個冷顫,我想,支持她的就叫愛的力量吧!幸好我今生應該不會發生這種事,畢竟有了她的前車之鑑,已經大大

南美洲有許多大山大水的壯闊奇景，從巴拉圭邊界城市東方市（西語：Ciudad del Este）到世界三大瀑布之一的「伊瓜蘇大瀑布」只要一小時車程。

的警示我千萬不要重蹈她的覆轍。結束了這趟三十小時的航程，我終於到了巴拉圭首都亞松森，這已經是最快的航班。

「巴拉圭只冷幾個月而已，大概九月後就一直熱下去，我才剛從酷暑中熬過來。」聽到朋友這麼說，我拿著雪衣雪鞋發愣，沒想到一到巴拉圭就出乎我意料之外。

我一查才發現夏季常出現四十幾度的高溫，十月到二月最熱，同時也是產芒果高峰季。走在路上常可看到掉落一地沒人要吃的芒果，據當地媒體報導，光亞松森一週內用垃圾車載走丟棄的芒果量就可高達五百噸。

「還真是奇妙的地方，看來沒事的時候去撿幾顆芒果來吃，也不用怕餓肚子了。」我沒骨氣的想著。

從中美洲轉戰到南美洲頗容易適應，巴拉圭的環境安全一些，少了對治安的焦慮感，氣氛也更輕鬆。南美洲巴拉圭、巴西由於是移民國家，因此對外國人接受度很高。他們的友善，是一種接納外來移民、讓人能自在融入的感覺，待了一段時間後，總能讓人慢慢喜歡上這裡。

到達巴拉圭的隔天，我在學校遇到了也在這裡工作的D。他跟我身邊的人員寒暄起來，然而D看到我時既沒正眼看我，連個招呼也沒打。

「這傢伙還真酷。」我暗想。

直到我們真正的跟對方交談起來，我才發現他就像其他巴拉圭人一樣是個友善純樸的人。大眼睛裡還是有些羞怯，不過倒也不像一開始一樣完全無法正常對話。

「星期六是巴拉圭獨立紀念日，河邊有很多好玩的活動，我想約你去玩。」我收到D傳來的訊息。

「哦！好啊！」反正我也沒事，就乾脆的答應他。

星期六市中心的河堤邊果然熱鬧，為了慶祝巴拉圭五月十四、十五日的國慶，大家手上舉著巴拉圭國旗，到處都是美食攤位跟人潮。大型公園裡有樂團歌唱表演，路邊則賣巴拉圭烤肉跟當地美食，一路走來都很熱鬧。

「你要不要吃什麼？」逛到了國際美食攤位區，D開口問我。

「吃什麼，嗯……那不如就來個西班牙海鮮飯吧？」

D聽了笑笑的沒說什麼，我也沒多想的選了兩個頗受好評的飯，捧在手上找了靠河的位置要坐下來吃。

正當我準備要開吃時，D打開他那一盒海鮮飯的蓋子，突然指了指上面的東西：「這是什麼？」

「啊？」我看了一眼他指的那個東西，忍不住驚訝的轉頭看他：「你沒吃過嗎？」

「沒有。」D還是納悶的看著那玩意。

「這是蝦子啊⋯⋯。」我一時不知該再說些什麼，兩個人就同時安靜的盯著那隻蝦。

「嗯⋯⋯。」D看著蝦子好一會兒，終於下定決心似的把它拿起來，一張口就要整隻吃掉。

「哎⋯⋯你等一下啊！」我急忙攔住他，奪下那隻蝦。我開始動手示範起來：「你先把這個蝦頭剁掉，還有腳跟殼都要拔掉。」

D聚精會神的看著我示範，我乾脆趁這個機會翻出底下的牡蠣也介紹一番，順便查龍蝦的照片給他看，現場瞬間變成海鮮教學時間。

內陸國跟海島國的飲食文化落差很大，巴拉圭被包在南美大陸內陸，看不到海，最多只有河魚。對於臺灣另一端的巴拉圭來說，海鮮根本是另一個世界的東西。

「你看看這個。」吃完飯後，我拿出最近在研究的印度Henna指甲花顏料把玩。

「這是什麼？」

「我直接幫你畫上去，你不就知道了。」我興致一來，在D的手臂畫上一個簡單的星星圖樣，等它乾了之後，再輕輕把那層乾裂的黑色顏料撥掉，只見D的手上留下一個淡淡的印記。

「哇！」D看著刺青，又是一陣讚嘆。

自從在D面前表演剁蝦以及畫出Henna刺青後，不知不覺拉近了我跟D的距離。

讓D吃得一頭霧水的海鮮飯，這些少見的海鮮食材在內陸國家一般只有冷凍品。

他固定在我下課後陪我走路、陪我搭一小時的公車回首都，護送我到家之後才會道別離開。

D溫和的陪在我身邊，總是看起來土土的，有時候默默也不說什麼。約我出去吃飯的墨西哥朋友吉米（化名）倒是跟D截然不同。

不光是拉美女孩愛精心打扮，許多拉美男人也很重視身材儀表，吉米正是個熱愛健身運動的男人，他特意練出了胸肌線條，穿著有型，談吐還很幽默風趣，他被公司外派來南美洲從事商貿工作，自信又外向的吉米無論哪方面都很吸睛。

那天吉米邀約我去墨西哥餐廳吃飯，對我來說卻像是一場災難。

「吉米，我跟你說，我朋友說在只要在墨西哥工作四年，就能拿到長期居留呢！」我邊吃塔可邊跟他分享。

「你知道其實還有更快的方式嗎？」居然還能更快？他冒出的這句話，吸引我的注意。

「說來聽聽。」

「那就是你跟我結婚。」吉米眼睛閃動的看著我，桃花眼電的我不自覺顫抖了一下。

「呃……呵呵呵。」我尷尬的咳幾聲：「我還是去墨西哥找工作就好。」

又開話題後，聊著聊著，我大嘴巴的想展現好客，又說出了絕對是臺灣人會說出的話……

「歡迎你來臺灣玩啊！」

這句話說完後又不得了了，吉米聽了，竟然深情款款的握住我的雙手：「好啊！我要去臺灣，然後在你媽面前跟你求婚。」說完他拿起我的手親了一下。

「呃……呵呵呵。」連這一句也可以跟結婚扯上關係，看來這個拉美男人的功力非常深厚。我把手抽回來，這頓飯吃的我頭上不斷冒出三條

線，我們的對話好像鬼打牆，吉米跟我今天才第三次碰面罷了。

尷尬的吃飯時光過得特別慢，就在要結束晚餐時，吉米又開口了。

「我家離這裡不遠，家裡還有紅酒。」他拉住我的手，深情款款的說：「你要不要來我家？」

我誠懇微笑的看著他的眼睛，簡短的回答：「太晚了，我要回家。拜。」也沒什麼不好意思的，至少在態度上我不失禮貌。

吉米跟D這兩個截然不同的拉美男人，一個開口閉口就要結婚、一個傻傻的都不說話。

「要不這樣吧！」我想到了一個好主意。

吉米跟我邀約過幾天要來我住的青年旅館吃麻辣鍋，不如我把D也邀來，就讓他們兩個同時出現，看看會發生什麼事好了。

「嘻嘻嘻。」我心裡邊盤算著，邊飛快的打訊息邀請D。

「好啊。」不知情的D，乾脆的答應了。

兩國大不同——巴拉圭'VS'烏拉圭

巴拉圭（西語：Paraguay）跟烏拉圭（西語：Uruguay），這兩個由於名字相似而常被搞混的南美洲國家，兩國地理位置上皆被阿根廷、巴西包夾在中間，巴拉圭位居內陸、烏拉圭則靠海。

巴拉圭是傳統的天主教國家，境內除了西語外，瓜拉尼語也是它的官方語言，是少數擁有兩個官方語言的拉美國家。烏拉圭則歐化很深，有90%的人口是歐洲後裔，文化背景與阿根廷較近似。

烏拉圭本質上與保守的拉美大多數國家也有所不同，不光是同性婚姻、墮胎合法，清廉程度也長年排在拉美首位，2013年時甚至成為第一個大麻全面合法化的國家，自由度走在世界前端。

第四節
來自兩萬公里外的男人（中）：郭大衛

聽到有人按電鈴，我一打開門，來的正是D。今天是約定吃鍋的日子，D穿著一身樸素、舊舊的黑色大衣站在門外靦腆的微笑。

「進來啊！」我招呼他一聲後就逕自走進客廳。過了好一會兒，D卻沒跟上來，我只得再走出來找他。

只見D只前進了幾步就停止不動的一直站在原地，青旅的其他住客見狀也紛紛對D投以好奇的眼光。

「你在做什麼呀？」我好奇的問。

「你沒叫我，我就不敢走進來，所以我在這邊等。」D害羞又禮貌的站著。

「唉呀，你快過來啦！」我沒好氣的說，D真是老實的傢伙。

我回到廚房繼續煮火鍋，不一會兒又聽到電鈴聲，這一次是吉米來了，他拎著半打啤酒，還穿著練完柔道後的運動衣。

他大方的走進來，跟D打了聲招呼，熱情的比手畫腳跟D攀談起來，一時之間廚房充滿吉米活力的聲音。我看他們倆聊得不錯，就自顧自的專心煮麻辣鍋。

「你在煮什麼呀？」突然吉米湊近了過來。我倒退兩步，不自覺的把D順手拉過來，丟在我跟吉米中間。

「我煮的是麻辣鍋呀。」我呈了兩盤重辣口味分別給兩人。墨西哥人多半嗜辣，曾有墨西哥朋友誇張的在我買爆米花時，從口袋掏出隨身的辣醬包，加在爆米花上面吃。吉米應該喜歡辣，但對於幾乎不吃辣的巴拉圭人來說，D我就不確定了。

吉米嚐了一口，果然開始大吃特吃起來，他一邊吃一邊流汗：「哇！這個辣法跟墨西哥的辣不一樣，但是好吃。」

春天時街道上開滿粉紅色的風鈴木（圖右）。我住了兩個月的青年旅館，是各國背包客集散地，由於亞松森租屋價頗高，有不少房客選擇長期在青旅承租（圖左）。

「辣椒種類不一樣，這裡面還有花椒。」我對吉米解釋，一邊觀察兩人。只見D優雅又靜默的吃著，完全不發一語。

我倒喜歡今天三個人這樣的互動，多半都能正常聊天，吉米偶爾爆衝湊近我時，我就躲到D後面。有D在心安了不少，吉米今天則再也沒提結婚的事。

今天餐後是吉米先離開，他的表現跟上次很不一樣，他依舊自信熱情的跟D握個手，就道別離開。過一陣子吉米調回墨西哥，離開了我的生活圈。

「你真的喜歡吃那個麻辣鍋啊？」後來我好奇的問D。

「不喜歡啊！」D的回答一樣老實而直接。

「不喜歡那你還吃，我邀你你還來。」我翻了個白眼。

「因為我喜歡你啊。」D直白的說完，又說出了讓我意外之語：「我以為你會跟那個墨西哥人在一起。」

「啊？為什麼？」

「他看起來條件很好、很帥，胸肌又很大。」沒想到當時默默不語，只顧吃飯的D居然還注意到人家的胸肌。

「嗯……也許吧。」我沉吟了一下：「可是……我喜歡的是你，而且你有很多你不知道的優點。」

「是嗎？」D疑惑的問。

「哇哇哇……」嬰兒車裡突然傳出哭泣聲，D彎下身馬上把寶寶抱出來。

「你醒啦？皮卡丘。」D喜歡這樣叫她，聽起來也蠻可愛的，他抱著孩子一邊胡亂的叫著，表情滿滿的疼愛。

剛睡醒的寶寶擺了一個大臭臉嘴角向下拉，瞪著倒吊的三角眼，看起來比較像酷企鵝。D把寶寶舒服的抱在懷裡，走來走去的帶她看花、看小狗，倒是再也不肯放下女兒。不知不覺D在臺灣待了好幾個月了，風和日麗的下午，跟我推著一輛嬰兒車在公寓樓下的中庭散步。

D，後來交到了他人生中第一個女朋友，女友還成了他的老婆，也就是我。我身分證上的配偶欄裡，從此寫的是他的中文名字——「郭大衛」。

一開始媽媽聽到我要下這個決定時，她還碎念了一番。

「你可千萬不要嫁給外國人。」媽媽從好久以前就神色沉重的提醒過，出身於傳統家庭，她對於婚姻的想法也是根深蒂固的保守。

「這以後的事我怎麼會知道呢。」還記得我懶懶的一副無所謂的回答。

「他們跟我們不一樣。」媽媽嚴肅的說。

「嗯嗯嗯，好。」我心不在焉的回了幾句，隨便打個哈哈過去。

從來沒想到多年後，那些與媽媽無心的談話一語成真了。當初還發誓「絕對不要在巴拉圭交男朋友」的我，最後結局是直接嫁給了巴拉圭人。

　　我們上了樓，電梯門一開，就聽到家裡傳來的電視跟媽媽哈哈大笑的聲音，她年紀大，身體也不太好，在家看電視就是她重要的樂趣。

　　「今天不是要帶你媽去看診嗎？」前幾天姊姊打電話回來，就在提醒我這件事情，大衛在一旁也聽到了。

　　「是啊！必須要去一趟高醫。」我考慮著該怎麼安排才好，寶寶才兩個月大還在喝母乳，總不會一行人要全部去醫院吧！

　　就在我還在煩惱時，大衛看了我一眼，接著乾脆的說：「好，我帶她去。」

　　「啊？」我都還沒開口呢，大衛怎麼就自己說了個「好」。

　　「你跟寶寶留在家裡，我陪媽媽去看診。」他輕鬆的說。

　　媽媽今天要做檢查的地方，連我都不知道確切位置在醫院哪裡。雖然我們曾一起帶媽媽去看過診，但一個中文能力有限的外國人獨自要帶著行動不便的老人家，我不免有點遲疑。

　　「放心吧！我會想辦法找到的。」大衛說。

　　「我想應該是在這一棟附近，如果你找不到就問志工，他們的位置就在……。」我快速的用手機搜尋出高醫地圖，指著上頭的一處，絮絮叨叨的叮嚀。

　　大衛看了一下，對我點點頭。

　　「媽媽，你準備一下，大衛要帶你去醫院。」

　　「噢！」她從電視世界裡醒過來，抬頭看著我：「女婿要帶我去啊！你留在家裡帶孩子嗎？」

　　「對啊。」我催促她：「快去吧！大衛已經幫你準備好輪椅了。」

　　「我們走。」大衛笑嘻嘻的推輪椅過來，手臂還夾著她的枴杖。

　　大衛臉上嘻嘻笑著，動作卻很謹慎的將媽媽攙扶起來，一步一步的陪

著她慢慢走，小心翼翼讓她穩妥的坐好後才推動輪椅。媽媽像太后一樣穩坐寶座，跟我揮揮手，他們就出門了。

「路上小心哦！」看他們興高采烈的離開，我關上了門。大衛一邊推，一邊講笑話逗她，兩個人的笑聲從電梯口傳到家裡都還聽得到。

「不就是去醫院看個診嗎？也能搞得這麼歡樂。」我忍不住笑出來，這倒讓我想起某次凌晨到了巴西聖保羅，巴西友人珊德拉來接機帶我回她家小住時，我與她姐姐們相遇的情景。

大半夜凌晨三點多，姊妹們為了照顧年邁八十歲臥病在床的母親都還不能睡，這本是一個想來辛苦的畫面，我靜默的避免打擾她們。沒想到珊德拉當下卻開心的拉著我，把燈通通打開，照的室內通亮才把我介紹給她的母親、姊姊。姊姊們熱情的跟我話家常，還開始展示起老母親的病床。

「這位是我媽媽，你看她的病床很棒，還可以調上調下哦！」姊姊迫不及待的按下病床的按鈕，床便將母親緩緩升起。又再按了一下，媽媽又跟著床一起緩緩落下，她們熱切的向我展示病床的多功能。

「哇！」我驚呼，半夜三點可以這樣搞她媽媽？我盡量表面保持鎮靜，內心其實在翻騰啊！

珊德拉看我的反應，她笑了一下，她的臺灣朋友也深深為這張病床讚嘆折服吧！

即使吃了些苦，還是很會從中作樂。這些一般人認為苦悶、制式化的差事，到了她們跟大衛的手中，突然都變得格外有趣。

第五節
來自兩萬公里外的男人（下）：有你就有家

「今天怎麼只有你帶著寶寶呀？先生跟媽媽呢？」我推寶寶下樓買午

餐，賣麵羹的阿姨熱情的跟我寒暄。一提到大衛，阿姨的臉上掛滿笑意。

「他呀，他帶我媽去看醫生。」我把推車停在身邊，寶寶正熟睡著。

「他真的很好，我們都好喜歡他。」阿姨眼睛都亮了，大衛不在現場，阿姨也忍不住提兩句。

常常我跑在前頭先來阿姨的店裡點好一桌菜，大衛隨後才會慢慢跟上。他攙扶著一手拄拐杖的媽媽，從來不催趕，只是用媽媽的速度在旁邊陪著她走。他的細心跟禮貌看在眾人眼裡，漸漸的大家都對他印象頗佳。

「叮叮。」手機傳來了訊息聲，拿起來一看，是大衛傳來的。螢幕上是他跟媽媽兩個人笑得燦爛、拿著漢堡的照片。

「喂，已經看完診了，我現在帶媽媽吃個午餐再回去。」電話那頭傳來他的聲音。

「這麼快呀！都還順利嗎？」

「很順利，只是醫生說的我不太懂。我錄下來了，回去放給你聽。」

看完診後，大衛興高采烈的帶媽媽去吃漢堡。

晚上我聽著醫生的錄音，客廳一邊還傳來媽媽跟姐姐講電話的聲音……

「有，女婿今天帶我去醫院。」

「女婿還帶我去吃漢堡。」

「家裡的垃圾啊？女婿昨天就拿去倒了。」

自從來了女婿，女婿帶著媽媽逛菜市場、陪伴照顧她，從一開始對於我嫁給他的不理解，到現在張口閉口就是「女婿女婿」的掛在嘴邊。今天他又是怎麼樣獨自推著輪椅，在醫院裡奔波只為了照顧媽媽的呢？

我心裡感動的這麼想著，望向大衛，他卻吊兒郎當的對我嘻皮笑臉。「哼，看來是我多想了。」看大衛嘻嘻哈哈的，我的感性也瞬間一掃而空。

拉美人的家庭觀念很重，成長到二、三十歲都跟家人住在一起很常見，多半要直到結婚，才會分立出去自立家庭，也或許結了婚還是繼續跟父母住在一起三代同堂。許多國家的拉美人沒有旅行的習慣，更別說是獨自一人的背包旅行。光是要「搭飛機」，就被人們視作一件大事，遇到家人要搭機，親戚團們流著淚在拉美機場十八相送是常見的情景。

於是當友人董勤禧要搭機去緬甸，好友霄安跟我都抱著「這不就是搭個捷運到小港機場就可以做到的事」的態度時，大衛卻一直把這件事記掛在心上。到了阿禧出發當日，大衛特地趕去機場，又是陪他又是送機，讓阿禧感動不已。

不是我們無情，阿禧不過是出國一個禮拜！連他媽都叫他自己去機場了，就只有這個拉丁人最認真的送他。大衛這次已經很含蓄了，上一回在巴拉圭為另一位朋友送機時，他們一夥人還準備鮮花跟大字報呢！

大衛和我在一起前，也一直是個戀家、從未旅行過的拉美男人，因此當初他要搭機來臺時，我擔心的一路挺著快七個月的孕肚陪他到巴西搭機，再自己坐二十小時巴士回巴拉圭、將近四十小時的飛機回臺灣跟他會合。

我從兩萬公里外的臺灣來到巴拉圭與他相遇，他為了我再離家到兩萬公里外的臺灣。究竟是誰比較傻？

　　在人生地不熟的環境下，大衛迅速的適應臺灣生活、照顧我生產，他的確適應的很快。飲食上他也試著融入，默默跟著我吃臺灣菜、便當，我回到自己熟悉的環境，吃習慣的食物，倒是每天都很開心。

　　這天我心血來潮約他去吃一家頗受好評的異國料理，他同意了。這家小店坐落於一條清靜的小巷弄，裡頭的座位不多但設計很溫馨。菜單上的選擇很多，什麼青醬、白醬，各樣口味的義大利麵都有。巴拉圭並沒有這種有各式口味的異國料理麵店，他們有的口味簡單，頂多就是番茄麵、白醬麵。

　　我選了一個喜歡的，心中也偷偷期待，看到這樣令人眼花撩亂的菜單，大衛會不會想嘗鮮，選個青醬墨魚麵之類的特別口味呢？

　　大衛眼光停留在菜單照片上，過一會兒，他指著其中一張：「我要這個。」

　　「哦？」我瞄了一眼有點失望，這不就只是普通的番茄麵。

　　「你確定不試試別的嗎？」

　　「不用，就這個。」

　　熱騰騰的食物端到我們面前，我已經迫不及待的開動了。這家的味道的確不錯，

巴拉圭人多半是貼心的朋友，學生們從別的城市長途搭車來我家，就為了把偷偷做的照片集跟巴拉圭手工繡品ñanduti（左上）送給我做離別紀念。

我心滿意足的享用美食，抬頭正想問大衛覺得如何時，卻看他反應有些異樣。

只見大衛緩慢的吃著盤中的麵，嘴角開始抽搐，神色整個不對勁。我嚇了一大跳，放下手中的餐具。

「你還好嗎？」我擔心的伸手拍拍他的背，該不會是搞到食物中毒了吧？

「我……還好。」他小聲的說，神色卻越來越委屈，眼淚還開始撲簌簌的往下掉。

「你不舒服嗎？還是這個麵怎麼了，你要不要跟我交換？」我慌了手腳，他怎麼會吃麵吃到哭出來。是肚子痛還是麵太難吃？我臆測各種可能性，想辦法寬慰他。

「不是……。」他啜泣的吸了一口氣：「是這個麵的味道，跟巴拉圭的番茄麵很像。」

他垂頭喪氣的，像個小孩般無助。我終於恍然大悟，原來，他想家了。

「你喜歡吃我們就常常來啊！」我柔聲安慰他。平日表現出的無所謂、不在乎，好像很適應離鄉背井生活的表象，只是一個恍若家鄉的味道，卻讓他觸景傷情。我握住了他的手，沒再說什麼。

他寬大的手掌暖暖的，左手無名指上還套著一個拉環，它輕輕的、不太合手指大小，這是易開罐的拉環，乍看之下有些滑稽。大衛不知道從哪裡找來的，穩穩的套在手指上。

想來，我們都還沒買婚戒。

本來他預想在臺灣陪我一段時間就先回去工作，沒想到越是臨近孩子出生，他就越無法放心。最終他放棄了回程，毅然而然辭去巴拉圭的工作，義無反顧留在臺灣。

面對新生活的挑戰跟壓力，親友們總是看他笑容滿面。然而，大衛終歸是會想家的。

大衛抱著初生不久的女兒。

「你會不會想念巴拉圭啊？」

「我想念巴拉圭啊！」

「那為什麼又想要待在臺灣呢？」

「因為我的家人都在這裡。」他微笑著卻又毫無疑問的回答好奇的人：「對我來說，妻子、小孩在哪裡，家就在哪裡。」

就算想念南美洲，或在異地生活中遇到挫折，為了守護我跟孩子，他都可以犧牲放棄。他的所有可能不多，卻願意毫無保留的給家人他的所有。

「有空的時候，我們去買個戒指吧！」我握著他的手。

「嗯？」

「一個簡單的，只要是你給我的就好。」我看著他，又像在懇求。

「好。」他點了頭。

他的心意、他真實的陪伴是我最珍貴的寶物。看著我跟寶寶，大衛又露出了笑容。跨越國界、跨越半個地球的距離，無論我們在哪裡都不重要。重要的是，我們在一起。

TIPS
拉丁美洲學西語

西班牙語是世界使用人口數最多的前三大語言，雖然發源地是西班牙，數億的主要使用人口卻集中在拉丁美洲，在美國拉丁裔較多的城市，西語也很好用。在拉美雖然可嘗試用英文溝通，但如果直接使用西文，更能減少許多溝通障礙。對於學過英文的人來說，學習西班牙語難度較低。有了西語底子，日後若想跳學葡文、義大利文也很容易。簡言之，西語是一個談吐熱情浪漫，投資報酬率還非常好的語言。

拉丁美洲學西語特色

1.體驗各地特殊文化及用語

拉美各國的口音及用法有些差異，比如「guapa」，在大多數國家這個單詞用來形容「漂亮」，在巴拉圭它的意思卻是「勤奮」，被稱讚了老半天才發現原來誤會大了。挑選喜歡的地方學習西文可深度體驗當地文化風情，即使各地用語有些不同，真正在拉美各地移動、使用西語時，大致上也能互通。

2.觀光資源豐富

拉美有許多知名的世界級景點，各國都有西語語言學校，尤其觀光發達、旅客較多的地區更普遍。無論你想去加勒比海邊、印加古蹟小鎮、殖民老城、大城市多半都能找得到語言學習資源。

3.物價低廉

在拉美生活物價、學費一般都不高，如果來拉美待上幾個月甚至半年好好學習西語，也是非常經濟實惠的選擇。哥斯大黎加、智利、烏拉圭等國整體環境較安全，物價同時也相對高出許多。

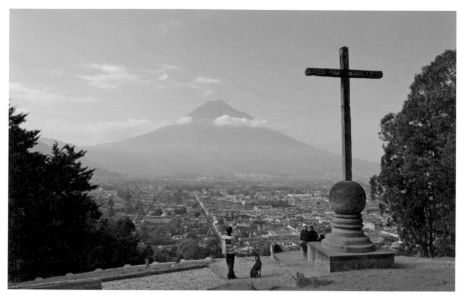

從十字架山（西語：Cerro de la Cruz）上可以俯瞰老城安地瓜全景。它是一座被火山包圍的美麗城市，在十六到十八世紀時曾是西班牙在中美洲的殖民中心，城內遺留下許多古蹟、修道院，該老城也被列為世界文化遺產之一。

作者學西語經驗分享

　　中美洲瓜地馬拉的安地瓜（西語：Antigua）是我在拉美第一個待的地方，它是學西文的熱門地點。當地說話語速較慢、咬字發音清楚，適合各階段的學生，我在那裡上了六個星期的課，西語能力增進不少。在拉美要能找到用英文教你的老師不容易，大部分老師用西語教西語，建議想來的人要有一點基礎，避免聽了老半天還是霧煞煞。

　　城市裡生活消費、課程費用低廉，語言學校選擇也多。下課後在城市裡駐足探索、品嚐當地產的好咖啡是一大享受，無論是短期體驗、長期學習西語都很值得。瓜地馬拉整體觀光資源豐富，可以趁著週末去爬爬火山、逛藝品市集、遊湖，也可以深入雨林看最大的馬雅金字塔遺址提卡爾（西語：Tikal），既可以學習又能深度體驗，非常值得。

我們跟巴西友人法比歐以及他的兩個孩子一同玩射擊遊戲。

第四章

拉丁美洲
家人

第一節
婆媳的跨文化衝突1：育兒挑戰開始

　　我們帶著五個月大的寶寶從臺灣長途旅行回南美洲，班機總時長四十七小時。每一個航班都要飛十幾個小時，飛完一段還有下一段，似乎永遠飛不完，到最後巴西飛巴拉圭這個航段，已經筋疲力盡。

　　「天哪！想到你們要帶寶寶坐這麼久的飛機回南美洲，我就覺得好可怕。」淑婷知道我要回去，她崩潰了。

　　「我們就住得比較遠。」我無奈的笑了笑，一飛就要半個地球也沒辦法。

　　「我上次光是帶寶寶飛日本，就緊張到肚子痛。」她似乎心有餘悸。

　　「你那麼緊張幹嘛？」

　　「我怕她哭呀！一定會有人白眼我，很多媽媽還常被PO上網撻伐。你不知道在臺灣帶小孩坐個高鐵、飛機壓力有多大。」

　　對於她說的情形，我倒是不太擔心，如果孩子在臺灣的餐廳唱歌，很可能招來側目，在巴拉圭做同樣的事，旁邊的路人則可能會誇讚「你的寶寶怎麼唱得這麼好」。孕媽咪跟帶著嬰孩的母親，在拉美享有許多體貼的特殊禮遇，在路上走一圈，都能隨時聽到友善的路人對孩子報以「哎呀！這孩子怎麼這麼漂亮可愛！」的熱情讚賞。

我們帶著五個月大的寶寶展開長達47小時的南美洲遠征飛行。

回巴拉圭的班機，一排狹小的座位有三個位置，我跟大衛把寶寶放在腿上，左邊坐著一位巴西阿姨。阿姨自然的與我們攀談起來，她看著寶寶的眼神就如同其他拉美人，目不轉睛、充滿光采，為了讓我們有比較大的空間，阿姨主動換位置坐到後方的空位，不時還從後方逗弄一下寶寶。

小飛機的航程只要兩小時，本以為應該是最輕鬆的一段，沒想到因為氣壓，我感到耳朵劇痛難忍，寶寶更開始驚天動地的放聲大哭。大衛跟我連忙安撫她，後方那兩位巴西阿姨更著急，她們用極柔軟的語氣，在後座也想要安撫寶寶，還拿出東西想辦法逗她。

拉美人大多非常愛小孩，包容度特別大，寶寶會哭、會笑都是自然的行為表現。她們的照顧法並不建立在什麼理論基礎上，而是渾然天成的。有了阿姨加入陪伴安撫，似乎也更有力量，一夥人一路上就一起努力呵護懷中這個小寶貝。

拉丁美洲是對孩子充滿善意的世界，每個人依照他的條件有不同的寵溺方式，經濟稍微許可的，更是想把所有的一切都一股腦給孩子，無論是物質或是寶貴的時間。

巴西朋友希凡妮和她女兒逛鞋店，只見她時不時拿起來比一下，再轉頭詢問女兒要不要買什麼，女兒卻總是搖頭。

她忍不住唷嘆起來：「唉！我女兒就是這樣，要買什麼給她都不要。」

女兒翻了白眼，無奈的說：「可是我不需要嘛！」

「我就只有你一個女兒，你要什麼我都可以給你。」希凡妮口氣中滿滿的寵溺。

拉丁人的親子關係親密甜膩，巴西人極盡表達愛意，巴拉圭人也不遑多讓。拉美文化有很多美好的特點，然而與臺灣許多習慣上的落差，仍有可能引起衝突跟誤解。飛機抵達巴拉圭，從婆婆來機場接我們那一刻起，我們自然而然的住進婆家。這同時也是大衛希望的，他與家人分開了好一段時間，滿腦子想的都是要讓寶寶跟家人相處。

在咖啡店偶遇的巴拉圭家庭，親切邀請我的女兒一起加入她們的下午茶會。

　　我隱約覺得有些不安，又說不上哪裡不妥，看著欣喜的丈夫，沒再多想的我點頭答應了。再次團聚的這一群人開心慶祝時，從沒想到這將會是個以寶寶為引爆點，文化衝擊的開始。

　　寶寶是在臺灣出生的，我跟大衛這組新手爸媽，一開始就習慣臺灣的要求標準。比如醫院的作業流程，抱嬰兒前要洗手、探訪初生兒要戴口罩，無論是衛生要求或是泡奶溫度要幾度等種種細節，我們都戰戰兢兢的遵守。甚至寶寶出生的頭三天，大衛還碰不到寶寶，每天只能等著在固定時間隔著醫院的玻璃窗看孩子。

　　而這些事在拉美，怎麼可能發生？首先，路人可能會對戴口罩的你投以異樣眼光，更別說戴口罩僅只是為了探望孩子。請探訪的人先洗手？你是在嫌棄人家不乾淨。

　　由於衛生觀念及愛的表達上有極大的落差。於是，驚人的一幕出現了⋯⋯

「哇！寶寶真的好可愛。」就在大衛把乖巧的寶寶放在客廳中央的那一刻，姑姑、叔叔、婆婆、阿姨，大衛所有第一次見到寶寶的巴拉圭親戚，在彼此讚嘆的發出一陣驚呼之後，紛紛衝過來圍著寶寶親，頓時現場擠得密不透風。

「姆啊！」親吻在寶寶臉上的聲音此起彼落，一派和樂。

我的天哪！眾人樂不可支，都沒人發現身為臺灣媽媽的我在旁邊已經快昏倒的抽搐著。我聽到腦中的警報器大響，隨之湧上腦海的是因為親吻而傳染疱疹病毒給小寶寶的警告。

等我回過神來，抓到了機會。我不動聲色的把大衛拉過來，我對他擠眉弄眼，壓低聲量的說：「欸！請他們不要親小孩啦！」

大衛嚴肅的對我點點頭：「好。」

他又再一次步入客廳，清一清喉嚨。眾人突然安靜下來，聽他要說什麼。只見大衛用幾分鐘講解一些衛生方面的考量之後，下了一個結論：「總之請大家配合，不要親她。」大衛只差沒用PPT投影做一篇報告。

眾人沉默了，這應該是他們第一次聽到這種詭異的要求，不過大家仍然配合的應了聲「好」。既然已經溝通過也得到眾人的允諾，我也心安了。

為了讓我們住在家裡，婆婆特地整理出一個房間給我們，他們三人則擠一個小房間。大衛說避免近視不希望讓寶寶看電視，小姑小叔也就真的從來不在寶寶醒著的時候開電視來看。婆家很貼心，我則總會盡心煮各種美食，有時候大家一起烤肉、做披薩，倒也和樂融融。

然而，拉美對我這個臺灣新手媽媽的考驗卻還沒停止。如果曾在臺灣育兒過，就會知道媽媽們的道具多多。我的行李箱東西一拿出來，奶瓶消毒鍋、手指套牙刷、吸鼻器、擠乳器，打開這一箱像是不同世界的百寶魔術箱，讓拉丁媽媽們看了嘖嘖稱奇。

拉丁母親們絕大部分都是全親餵母乳，因此少了很多道具，另外牙刷就是使用正常的牙刷，哪有什麼手指套牙刷？連巴拉圭醫師都曾對我為了「寶寶生病流鼻涕」特別準備的吸鼻器，而投以讚賞的眼神。

　　即使我靠著這一箱撐了好一陣子，終究還是得在當地買些寶寶用品。臺灣帶來的奶粉喝完了，大衛帶我去藥局挑適合的奶粉。我們走到櫃檯請藥師讓我們看看幾個牌子。

　　「請問一下這邊好幾罐奶粉，有什麼差別呢？」我客氣的詢問。期待她給我一些類似於「哦，這一罐是荷蘭的，另外這兩罐的乳源是愛爾蘭的。這一牌比較甜，添加了DHA幫助寶寶腦力發展……（以下省略一千字）。」這類的專業介紹。

　　「沒差別。」藥師冷冷吐出了三個字。

　　她的回答簡短的跌破我的眼鏡，我不死心的追問：「真的沒什麼差別嗎？」

　　「公司不一樣。」藥師又回答。

　　我們三人站在櫃檯陷入了一片靜默。最終，我自討沒趣的把奶粉拿起來仔細研究一番，並買了那罐添加DHA的奶粉。

　　回到婆家，我開始研究要煮什麼副食品。寶寶還太小不太會咀嚼，於是我煮好軟嫩的豆腐，並把它弄得細碎，好讓寶寶能入口，就在我餵她時，婆婆經過了。

　　「噁。」婆婆對著食物伸出舌頭，做出噁心的嘔吐狀：「這是什麼東西啊！」

　　我停下手中的動作，轉而看著她：「這個是豆腐。」

　　巴拉圭的食物種類並不豐富，餵食寶寶就是基本的飯、麵、蘿蔔、番茄等基礎材料，看在她眼裡，我又在餵奇怪的東西。

　　她沒再多說什麼，而是坐了下來。上回我提過要找一個寶寶專用的汽

車座椅，她好心的幫我留意了幾個選項，她打開手機，開始秀給我看。

「你看，這個怎麼樣？」婆婆把照片遞到我眼前。

我快速瀏覽了一下汽座的照片，上面的資訊就只有一張照片、電話、價錢：「嗯……這個是幾年的、什麼牌子呢？」

「沒寫，但是你看照片很漂亮呢！」婆婆不以為意的說。

婆婆跟我的重點顯然不一樣，細節資訊都沒寫，我怎麼判斷它好不好？她繼續開心的秀給我看其他汽座美麗身影的照片，上頭仍是只有電話跟價錢。

拉美人在買賣東西的決定過程很簡單，後來一年後我們把用過的二手汽座賣出時，來提領的買家從沒問過我什麼問題，他拿起汽座，付了錢乾脆的就走掉了。

「咦？他怎麼也沒好好檢查一下再拿走啊！」我不可思議的說，要是有什麼細節不滿意的呢？

「不需要啊！他買的是汽座，拿到手的的確也是汽座。」大衛不以為然的聳聳肩：「只要買汽座，不是拿到石頭就好。」

嗯，好，我想我懂你們的要求了。

第二節
婆媳的跨文化衝突2：捲入風波的卡洛斯先生

婆婆的家在鄉村的郊區，所有家中大小事幾乎都是由她一手操辦，舉凡煮飯、洗衣、整理院子，她就是家裡的中心。廚房的牆壁用水泥大概的糊上外層，裡頭的線路還清晰可見。婆婆有一次把我拉去廚房看那些線路。

「你看這些線路，都是我接的喲！」婆婆熱情的指著家裡那些線介紹著。

「哇！你怎麼會弄這些呢？」

「我學的呀！一些基礎的維修我也都會，要不然請師傅來弄很貴的。」婆婆頗為驕傲的說。

婆婆甚至還自己動手蓋房子，其實我們住的房間，這些客廳廚房，都是他們慢慢一磚一瓦蓋起來的。她現在打算繼續加蓋房間，她買了磚塊、水泥等材料回來。我在裡頭做飯，婆婆正跟大衛的表哥兩個人揮汗如雨的在烈日下砌磚頭、埋水管管線。

自蓋房屋在巴拉圭的鄉村雖然很普遍，不過女性要做到這個程度也很不容易，婆婆從小出身於農村，也理所當然剛強的扛起這些粗活。

婆婆的朋友不多，常有聯繫的都是她蠻重要的朋友。這天許久未見的老先生卡洛斯來了，出門工作前我抱著寶寶到花園來打招呼，下午的陽光明媚，照在婆婆種的花朵上。婆婆跟卡洛斯迎面走來，一看到寶寶兩人笑得更開心。

「噢！我的女皇。我的小公主，你在做什麼？」拉美人對於孩子的親暱形容詞很多，卡洛斯開始逗弄起孩子，我也笑著抱孩子湊近他們。就在花園中呈現出一幅如畫作般，天倫之樂的和諧畫面時……

「姆啊！」卡洛斯冷不防在寶寶稚嫩的小臉上烙下一吻。

我被他的舉動嚇了一跳，臉瞬間僵掉了，下意識的我把寶寶抱離，也完全沒人發現我的不自在。

住在巴拉圭郊區的居民有時會自己徒手砌磚蓋房子。

我再一次把大衛拉來，這一次我的臉色難看：「不是都已經說好了嗎？你請他們不要再親孩子了。」

　　大衛的臉也拉黑，不情願的應聲：「好。」

　　我遠遠的緊盯著他們逗弄孩子，生怕又來一個措手不及的吻。抱著擔憂的情緒，終於出門工作。

　　幾個小時後回到家的我，很快的發現婆婆鐵著臉，對我愛理不理。這個不對勁的氣氛，讓我直覺跟下午有關。

　　「你跟他們說了是嗎？媽怎麼好像心情很不好？」我又把可憐的大衛拉過來，發現他的臉色也很難看。

　　「嗯，說了。」

　　「你是怎麼跟媽說的？」我突然意識到這應該是關鍵，他到底怎麼表述的？

　　「我就說，老婆叫你去叫卡洛斯不要親孩子。」

　　「你就這麼直白？我的天哪！」我無奈的扶著額頭，大衛一字不漏老實的把原話傳達給他們，絲毫未經修飾，男人真是直線思考的動物。

　　「那上次你解釋他們都能接受，這次怎麼會這樣？」

　　「因為這次是由媽向卡洛斯開口，她覺得得罪了人家。」

　　看來出狀況了，我鼓起勇氣去敲了婆婆的門，想要緩和一下氣氛。

　　「嗯，是誰啊？」婆婆的聲音從房中傳出，她似乎也沒開燈。

　　「是我呀！」我盡量柔聲柔氣的說：「媽媽，你餓不餓？晚餐要吃什麼？」

　　過了一會兒，門「咿呀」一聲的打開，婆婆無精打采的走出來：「不餓，今天不吃。」

　　接下來的幾天氣氛雖然有些低迷，但也慢慢略為好轉。我幾次私下要求大衛好好跟婆婆溝通，他並不願意。如果是這樣，我只好自己找時機去解釋。眼看今天天氣很好，婆婆正在外面整理木材呢。

我走了出去來到她的面前，用溫和的語氣說：「媽媽呀！能不能請你跟卡洛斯先生解釋一下，我沒有什麼惡意的。」

　　婆婆聽到我的話，她猛的抬頭。

　　「臺灣的話，我們為了健康的考量，所以不親太小的寶寶。但是等她大一點、抵抗力好一些我想沒問題。」我又補上了這句我以為聽起來合情合理的話，等待著婆婆露出釋懷的表情。

　　沒想到這只是我以為。婆婆聽完後，她突然氣力都來了，聲音提高八度：「要解釋你自己解釋去，我不要淌這種渾水。親小孩根本就不會有事！這裡是南美洲不是臺灣，你來了這裡就應該要想辦法適應。」她氣急敗壞的說完後，不等我回應，手上的木頭一甩，就走了。只留我一個人愣在原地。

　　我回到房間，忍不住委屈的掉下淚來。沒想到我的解釋會換來她的盛怒，大衛抱著我只是好言安慰，然而他也跟我持相反的意見。

　　「我們不覺得親小孩有什麼問題。」大衛說。

　　「這明明就不妥。」我秀給大衛看一些由於親小孩造成感染的新聞。

　　「也許是臺灣網路上能獲得的資訊多，加上人口密集容易傳染疾病。」大衛想了一下：「這裡真的從沒聽過這種說法。」

　　兩個人查起了資料還是沒個定論，趁著要帶寶寶打預防針，我決定詢問醫院的專業意見。

　　「親啊！盡量親！我都親到我的孩子哭呢！」聽完我的問題，當地的護士咯咯的笑，接著說：「親到他哭，哭了我再繼續親。」

　　大衛露出了一副「你看吧」的表情。

　　「所以你們建議親吻孩子？」我不死心試探性的，反面詢問醫師的意見。

　　「當然這在世界上哪裡都是不被建議的。」醫生語氣平穩的說。

　　「哦？」

　　「但是你不可能不親孩子，所以我只能建議盡量減少。」醫生又補充

了一句，他也知道拉美人的愛擋不住。

從醫院走出來，我還在念念有詞：「我真的很想把醫生說的話，錄下來放給你媽媽聽。」

「她聽不進去的。」大衛無奈的說：「你不讓她親，她只會覺得你阻止她愛孩子。」

就在我跟婆婆說完話的隔天，卡洛斯先生很快的來了。解鈴還需繫鈴人，我對著卡洛斯微笑示意，開始寒暄了起來。

「您都好嗎？」我禮貌的問候。

「很好呀！就是有點過敏。」

「這樣啊？天氣的關係吧。」我繼續跟他閒聊。

卡洛斯突然臉色微變，意有所指的說：「但是這個是不會傳染的。」

聽到卡洛斯的話，我也不想再拐彎抹角了。我開門見山切入重點：「如果有讓您不開心的地方我很抱歉，但我並沒有要冒犯您的意思，不親孩子只是健康顧慮。」

我禮貌的就事論事，從頭再解釋一次我的理由，也許真該為大家做個PPT報告才對。卡洛斯只是靜靜的聽著，似乎是第一次聽到這種說法，他在試圖理解我。

「其實到現在為止，連我跟大衛都還沒親過寶寶。」我笑了笑。

「哦？」聽到連我跟大衛都比照相同的標準，他訝異了。對話溝通的過程平和，直到婆婆開口——

「聽你不知道在說什麼，我媽媽以前在我們小時候還用嘴巴把食物嚼碎，再吐出來餵我們呢！」婆婆不耐煩的揮揮手，一副講不下去的樣子，

逕自就要走出去。

　　跨年代、跨背景再加上跨文化的溝通竟然可以這麼困難。我並不再說什麼，只是主動給了卡洛斯先生一個擁抱：「謝謝您今天過來。」我相信他會理解。

　　「謝謝你。」他釋懷的笑了，拍拍我的肩：「我想雙方彼此了解是很重要的。」

　　這件事情似乎也就這樣落幕。

　　然而就從這時候，我重新思考也下定了搬離的決心。我們已為人父母，主導跟承擔教養本就應該是大衛跟我的責任，只有脫離了原生家庭的羽翼跟限制，才能重新共建一個跨文化家庭，我希望我們的婚姻中，沒有誰遷就誰，而是雙方共同努力打造。

　　我開始搜尋找租屋。大衛不太贊同，更不知道該怎麼向家人解釋，他擔憂的是，家人只會認為我要把他從他們的身邊奪走。就在各懷心思，劇情彷彿在上演「巴拉圭甄嬛傳」時，此時又發生了一件事。

第三節　婆媳的跨文化衝突3：愛的淚水

　　寶寶才幾個月大還不會說話。這天下午不知怎麼了，一直哭不停，讓我這個半新手媽媽慌了手腳。

　　「怎麼會這樣？」

　　「我也不知道。」大衛說。

　　我開始胡思亂想，是不是她生病了？難道她玩的時候撞到哪裡骨折了？此時我才發現，在醫療資源比較不足的地方，連要帶她去哪一家醫院看診，現在腦中都是一片空白。這種不熟悉感讓我更慌亂。

　　越想就越擔心，被我的情緒傳染，大衛也慌了。我抱著哭個不停的

孩子，想著要怎麼辦，也試圖讓自己冷靜下來。就在我跟自己的焦慮搏鬥時，婆婆從容的走來⋯⋯

「是不是脹氣呀？」婆婆輕鬆的問。

「我不知道。」我抱著孩子勉強回答。

婆婆伸出手，要把孩子抱去安撫：「來，交給我。」

「現在先不要，我不知道她怎麼了，是不是發生了什麼事，我怕這樣弄來弄去會更嚴重。」面對婆婆伸出來的雙手，我回絕了，同時也看到她臉上的笑意漸漸消失。

婆婆臉上爬滿憤怒，扭過頭轉身就走，現場氣氛瞬間降到冰點。

「我才是媽媽耶！」我無可忍受的對著她的背影扔了這句話後，她更加抓狂。

婆婆把我喝完水的空瓶子，拿起來用力的往外扔到院子裡怒吼：「好，我知道了，現在在這個家我什麼都不是！」

一切都發生的太快，你丟我就踢，理智線斷裂的我，差點就要伸出腳把那些空瓶子踢翻。婆媳之間每回尖銳的衝突沒有任何人出來緩解說句話，我們兩人就自行上演鄉土劇大亂鬥。

等到寶寶沒事，我也冷靜下來後，事情並沒有因此結束。家裡氣氛已陷入冰點、無法轉圜的餘地，還沒等我開口，婆婆看到我總是冷言冷語。

幾個月大的女兒正趴在婆家的地板上看小鸚鵡。

經過上次事件，我不再嘗試好聲好氣的解釋。我幾乎足不出戶的待在陰暗的房間裡。大衛抱著孩子走到客廳，甚至只敢放在腿上，不敢讓寶寶在地上爬占用較大的面積。大衛夾在婆媳中間，既不願跟婆婆說話，也與我有了嫌隙。

「你覺得你就沒錯嗎？你也很強硬啊。」大衛鐵青著臉：「你要知道，我媽媽從農村出生，她一無所有，遇到什麼事就只能去戰鬥。」

「好，但是⋯⋯」我深吸了一口氣：「我一個人頂著烈日到處跑孩子的文件申請、買機票，這些沒有人幫我。費盡努力把孩子帶回南美洲，難道我這麼無聊，千里迢迢把寶寶帶回來是為了跟誰戰鬥？」

「會發生什麼誤解我並不意外，我們的成長背景本來就不一樣。互相理解跟溝通反而很重要，你是中間人，了解雙方差異，這件事其實應該由你出面協調才對。」

大衛沉默了。

在經過幾日的煎熬後，我們找到了房子。趁著一個月黑風高的夜晚，大衛用飛快的速度，甚至什麼都沒跟家人說，帶著我跟寶寶趁亂連夜搬走。沒想到我們居然用這種方式離開，他為了我徹底跟家人撕破臉。婆婆的兒子，帶著心愛的孫女，一夜之間絕情的棄了她，消失的無影無蹤。

終於跟大衛開始了自己的生活，大衛的臉上愁雲慘霧，好幾個夜晚我則是難以成眠。畢竟回來又不是為了要演「炮仔聲」，用盡一切努力回到這裡，卻換得這樣的結局。

想來想去，我想到了大衛的阿姨，也就是婆婆的姊姊。我心中浮現了一絲希望，也許她會有辦法。

準備了幾瓶阿姨喜歡的啤酒，大衛把她接到家裡。

「阿姨，來喝你的維他命。」我笑著順手開了兩罐啤酒，一罐遞給她，兩個人輕鬆的邊喝邊聊，寶寶則笑呵呵的在旁邊滿地爬。

「哦哦，這個我喜歡。」阿姨開心的坐下，開始問起：「我知道大概的狀況，但是到底是怎麼了呢？」

我無奈的把事情敘述了一遍，她聽到丟瓶子跟大吼那段居然樂不可支的笑得東倒西歪。

　　「唉唷！我這個妹妹，我完全可以想像那個畫面。」阿姨還在大笑，身為姊姊可是最了解妹妹的脾氣。

　　「當下我只是擔心孩子罷了，就這麼簡單。也不知道該怎麼解釋，就麻煩阿姨了。」大衛正在旁邊的地板上逗弄孩子，我看了他們一眼，淡淡的說。

　　「我也曾經遇過這樣的情形，我知道是什麼感覺。你們已經結婚了，應該要有自己的家。」阿姨收斂了笑容平靜的說。

　　「放心吧，我會想辦法的。」阿姨堅定的看著我。

　　大衛跟阿姨抱起孩子出門前往婆家，我則自己留在家裡靜待著。

　　幾個小時之後聽到了停車的聲響，接著是上樓梯的腳步聲，我走上前把門推開，果然是大衛跟阿姨回來了，接過了提籃中的寶寶，她正平和安詳的沉睡著。

　　「怎麼樣，都還好嗎？」我放下孩子，輕聲的問。

　　「一開始我叫大衛先不要進去，我就抱寶寶悄悄走到門口。」阿姨眉開眼笑的敘述她們回家的經過，演出當時是怎麼躡手躡腳的帶寶寶溜進去。

　　「我還跟她說『嗨』，她嚇了好大一跳，眼睛都快掉下來了呢！」阿姨自己講著又哈哈大笑。

　　我點點頭。

　　「後來她哭得可慘了。」阿姨繼續說。

　　「她為什麼要哭？」

　　「我們把寶寶放在她的腿上，就像之前一樣，讓她餵寶寶吃副食品。她拿著湯匙，手一直在顫抖。」阿姨柔柔的說：「然後她開始嚎啕大哭，我很少看到她這麼哭，只有多年前她心愛的狗死掉時她這麼難過。」

　　「我這個妹妹不壞，她就是這種性子。」阿姨嘆了口氣，妹妹強悍的

武裝下包裹的是一顆脆弱的心。

一方是怕孩子受傷害的母親，一方是愛孩子卻被擋在門外的奶奶，兩方像是溝通不良的兩條平行線。相同的是，婆婆跟我各自用自己的方式來給予認為對的愛，我們因為愛而堅強甚至願意戰鬥，卻也因為愛，更脆弱的容易受傷害、以愛之名化為利器傷人。

跨國婚姻看似浪漫，實際上面臨的考驗要比想像中多的多。幸運的是，拉美人的世界沒什麼委屈求全，更不需要勉強自己，於是大衛開始一個人帶著寶寶回婆家。

不能圓滿又何須強求圓滿，我不強迫自己忍受，也不說服婆婆。如果她無法接受我的理由，那麼我以為的正確，只是用另一種形式強迫她接受。我不再執著於到底有沒有人為我辯解。

只是，婆婆哭出來了，我的眼淚卻化成心裡的傷口，並沒有癒合或真的釋懷，她偶爾透過大衛送給我愛吃的食物，然而一年多了，我也不曾與她見面。

第四節
婆媳的跨文化衝突4：我們都是母親

這天我聽到門外傳來細碎的腳步聲，接著，鑰匙串碰撞到門鎖發出清脆聲響，應該是大衛在開門。門一推開，果然是他帶著寶寶從婆家回來了。奇怪的是他站在外面不進來，反而開始喊我……

「你現在有空嗎？」

「怎麼了？」我起身迎上門前去，只看到大衛跟孩子。

「媽媽有話想跟你說啦。」大衛說完溜去一旁，第一眼我還真沒見到婆婆，沒想到她親自來了。

我應了聲走出來，站在眼前的是許久未見的婆婆。

這次沒有什麼鄉土劇的高潮迭起，純粹是大衛帶寶寶回來的路上，寶寶不肯坐安全座椅，婆婆陪同回來，我們就這樣重逢。

「你怎麼一直都不來看我們呢？」還是婆婆先發話了，她看著我柔聲的問。

我沉默無言，一時不知該怎麼回應。

「希望你不要在意，我像男人一樣的武裝，是為了保護自己，但是我的內心是很柔軟的。」這次換成婆婆對我絮絮叨叨的解釋，我靜靜的聽，就像當初卡洛斯先生試圖理解我一樣。

「你什麼時候要回家？」她又輕聲的問。

「嗯……這個星期六吧。」我偏頭一想，很自然的講了個日期，好像什麼事都沒發生過。

「好啊！那我等你喔。」婆婆給了我一個擁抱，我也抱了抱她。

我跟婆婆道別完，關上門轉過身只見大衛在偷笑。

「你怎麼好像很開心。」我斜眼瞄了他一下，這當中八成有他在推波助瀾。

「當然啊。」大衛笑著抱起我轉了一圈。

我跟大衛一起回了婆家，這個一年多未曾踏入的地方。婆婆跟我笑著閒話家常，不同的是在這些事件過後，彼此之間，似乎也多了一份尊重跟默契。

同文化背景的兩個人在一起，都有可能衝突，更何況是牽涉到想法可能差十萬八千里的異國戀家庭。即使只有大衛跟我之間，也常需要付出更多的心力去溝通完全相反的觀念。

嫁到臺灣的宏都拉斯籍朋友，她在臺灣生產時，則經歷另一種文化衝擊——

「只要生完孩子，就該讓寶寶跟媽媽在一起呀！要餵奶居然還規定我幾點才能餵。」她激動的對我抱怨。什麼限時間要幾點才能哺餵？什麼擠

乳器？這些是拉美人從沒想過的東西，她們只順著天性育兒。

「我的媽呀！在宏都拉斯我們生產完，三天就能回家了，我又不是病人。我先生居然要我在月子中心待二十天，我真的很生氣，堅持要回家！還一個月不讓我洗頭，我頭癢得受不了了，最後忍不住只好騙他們說我去上廁所，其實我是去偷洗頭。」在臺灣做月子對她來說是個可怕的經驗。

「還有在宏都拉斯生完小孩絕對不可以喝牛奶類，也不可以吃魚，臺灣每天都有魚湯，婆家還每天煮一堆大蝦子、龍蝦給我補。」她繼續碎碎念著，怎麼會讓我越聽越羨慕嘴饞……。

我一邊聽她說，一邊快笑倒在地，我能理解她的無奈，她八成還吃下很多中藥湯。

「這真的是兩邊文化的差異。」也許這樣的愛也曾經造成她的壓力，她也根本不愛吃，同為異國媳婦的我，只好笑笑的安慰她：「你可能不太習慣，但至少聽起來臺灣婆家很疼愛你。」

那種要把媳婦大補特補塞到飽的畫面都浮出來了，這是一種臺灣阿嬤的愛法。攢錢買漂亮衣服給寶寶、把寶寶抱起來親這也是一種巴拉圭婆婆的愛法。為了媳婦的幾句話，她又花了多少時間去接受，這些完全顛覆她過往經驗的想法？其實婆婆有一句話倒也沒錯，臺灣有臺灣的做法，拉丁美洲也有拉丁美洲的方式。

大衛、我跟寶寶在巴拉圭的生活逐漸穩定下來，我們合買了一間小窩，兩個人一起教育女兒、協調彼此的想法，為寶寶一點一滴營造理想的生活。

「等一下，老公，你把這些食物帶回去給你家人吃。」我提醒他該回去探望家人。我塞了好幾瓶牛奶，還特別要他買些新鮮肉食、蔬菜回去給婆家。

我們用各自的頻率生活，卻又息息相連，換了另一個自在的方式相處。

寶寶轉眼已經要兩歲，這天我不經意翻到以前她剛出生不久的滿月照

片，裡頭是我跟大衛兩個人當初熬著夜、黑著眼圈一起顧孩子的那段辛苦又甜蜜的回憶。我把這個放上寶寶的臉書，馬上就得到了一個新的留言。

咦，原來是婆婆。我滑開看上頭的訊息。

「謝謝妳跟大衛，是你們給了我一個這麼可愛的孫女。你們是一對很棒的夫妻，這份快樂是你們帶給我的。」

婆婆留了一段感性的留言，還附上一張我們剛回巴拉圭時，婆婆把寶寶逗得笑得燦爛的照片，要讓婆婆感到快樂滿足其實很簡單。

我們做的一切源於愛，也都在學習該怎麼愛。怎麼拿捏也許很困難，也一直會是人生課題。

「我也要謝謝妳，是妳用生命生下了妳的兒子，給了我一個疼愛我的先生，並且讓他跟我共建家庭。」我在心裡默默說。

她對兒子相對程度的放手，讓他有機會不斷的進步成熟，成為一個獨立的父親。這也是許多父母在把孩子養育成人後，難以割捨做到的一點。

這一次，愛不再化為銳利的武器，同樣對於孩子的愛，讓兩個母親似乎更近了。

第五節　聖週地毯的思念（上）：薩爾瓦多

一上飛機我就發現，這個從薩爾瓦多出發往洛杉磯的航班有點不太一樣，那就是，這個班機裡面的味道「特別香」。只要是薩爾瓦多來的乘客，每人手上都提著一大桶的炸雞！而且還是起源於瓜地馬拉的知名炸雞品牌「Pollo Campero」。

我承認它真的很好吃，雞肉鮮嫩多汁，某次我坐在公園吃它的炸雞，飄散的香味還引來了七條狗。但這是什麼可愛漫畫畫風，怎麼會每個人都

提著一桶去美國啊？這個疑惑一直卡在喉頭，直到下了飛機。

「呃……先生，不好意思。」

「嗯？」前面那個男生提著一桶炸雞轉過頭來，一臉薩爾瓦多人特有的樸實憨厚。

「請問……為什麼每個人都拿著一桶炸雞啊？」我指著他那盒，再也忍不住的問。

「大家要買給在美國的家人吃的。」他好心解答我的疑問。

「那……一定非這牌不可嗎？」

「一定要這家的啊！我親戚指定一定要吃到，沒吃到他們會生氣。」他對我說了一段類似廣告臺詞的話。

能想像可愛的薩爾瓦多人吃不到就倒在地上「這不是 Pollo Campero」的唉唉叫鬧脾氣。我也曾陪宏都拉斯朋友開了兩小時的車，只為了特別去某個小鎮買玉米起司餅，還不能路邊隨便買買就好。看來中美洲要去美國探親，都有自己指定的家鄉味。

來到中美洲必嚐的當地炸雞品牌「Pollo Campero」，譯名為咔貝樂。

「那我可以跟你的炸雞合照嗎？」

「當然可以呀！」他慷慨的把炸雞桶遞給我，還幫我拍了一張。

我抱著炸雞桶笑得很燦爛，在這一次的機緣中，我意外結識了這個朋友卡洛斯（Carlos Munguia）。

薩爾瓦多是許多人避之唯恐不及的國家之一，新聞上天天報導兇殺案、暴力事件，讓人難以察覺薩爾瓦多的可愛之處。

　　它一直是一塊傷痕累累的土地，由於政治、經濟問題，導致薩爾瓦多在1980年爆發內戰，一直到1992年才結束，這場十二年的內戰造成數萬人死亡跟失蹤。無家可歸的薩爾瓦多難民在內戰時期流亡到美國，與其他瓜地馬拉、宏都拉斯人集結起來，在洛杉磯的街頭逐漸形成幫派，還吸收不少兒童及青少年作為幫派成員。

　　後來美國將這些幫派分子驅逐回自己的母國，他們的勢力獲得滋養生根，更加壯大。惡名昭彰的MS-13，與另一個幫派Calle 18同為中美洲兩大黑幫，兩方互相廝殺搶地盤，並做起毒品、謀殺、人口販運等生意。

　　這樣的真實狀況，讓人不由得對中美洲金三角區心生畏懼，黑幫嚴重侵害人民生活，使得人民長期活在恐懼陰影之中。2019年就有一則讓人心痛的事件，一對薩爾瓦多父女嘗試從墨西哥邊境潛進美國，父親把兩歲的女兒包在自己的衣服裡，試著要保護她渡河。最終，父親的雙臂敵不過強大的水流，兩人不幸溺斃。人們在河邊的草堆發現他們的遺體時，女兒稚嫩的小手還搭在爸爸肩上。

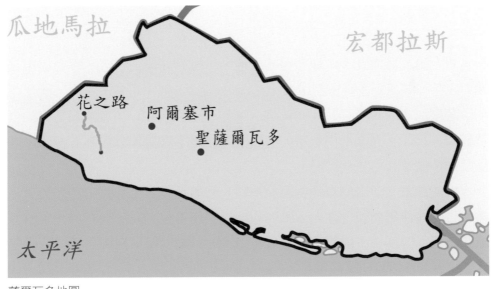

薩爾瓦多地圖。

我在薩爾瓦多旅行時，發生了聖薩爾瓦多的公車司機，因不願交付黑幫保護費遭到殺害事件。公車全面停駛，人民只能靠軍方暫時出動軍用車做代步使用。

　　前往美國，是一條充滿荊棘的險阻之路，留在薩爾瓦多又彷彿像坐在一片黑暗中伸手不見五指，他們試圖努力改變些什麼，最後卻成為逃離暴力下的犧牲品。

　　實地踏入薩爾瓦多這塊悲傷的土地、接觸到薩爾瓦多人，你會發現在暴力之外的薩爾瓦多有多麼迷人。

　　薩爾瓦多的西語原名El Salvador，意思是「救世主」。境內有豐富的自然資源，火山、充滿藝術彩繪的小鎮。馬雅金字塔遺址分布在五個國家，薩爾瓦多也是其中之一。

　　中美洲太平洋沿岸有幾個衝浪熱點，薩爾瓦多海岸線長三百多公里，當然也是最佳的衝浪地之一。愛海成痴的巴西男孩，為了找尋最完美的海浪，自己從巴西扛了塊衝浪板來，在中美洲到處衝浪。對有目標的運動愛好者來說，什麼旅途風險都是次要的。

「花之路」上的城鎮之一阿塔科（西語：Concepción de Ataco），小鎮上到處是豔麗的彩色壁畫。圖為藝品店前，我跟臉上掛著靦腆笑容的薩爾瓦多人。

「南美洲雖然也可以衝浪，但跟薩爾瓦多的海浪無法比，這裡太棒了！」他很享受這趟衝浪之旅。

它是中美洲最小的國家，也是集合了中美洲優點與缺點的地方。無論是美食、豐富文化或是黑幫暴力。

薩爾瓦多的西部有一條叫「花之路」[1]的山區路線，這條路由六個各具特色的美麗城鎮組成。充滿自然景觀瀑布的「花之路」結合當地藝術文化，小鎮上還可以品嚐薩國美食、咖啡、購買特色手工藝品等等，成為薩爾瓦多力推的觀光路線之一。

　　某次我們要離開「花之路」時，我與友人伸出大拇指打算攔便車下山。就在我們伸出手後，不到一分鐘馬上就有車停下，攔到的速度快到讓我不可思議，他們急急的打開車門，是一對年輕夫妻。

　　「快點上車。」女生對我們招手，她的口氣友善卻又十分急促。我們對看了一眼後，速速的上車。

　　回到車上年輕夫妻似乎放鬆多了，一車人開始攀談起來，從哪裡來、要去哪裡。

　　「真的很謝謝你們願意載我們一程，沒想到這麼快就有人願意停下來。」講到一開始，我還是很訝異。

　　「一看到你們攔便車，我們馬上就覺得應該要趕快把你們載走。」太太和善的笑著，接著說：「而且你們還是外國人，薩爾瓦多很危險啊！」

　　飽嚐暴力威脅的薩爾瓦多人，決定要停下、要伸出援手，他們也會害怕。正因太了解這些潛在的威脅，體貼的他們更擔心你受傷害，許多薩爾瓦多人願意在自顧不暇的片刻，鼓起勇氣的拉你一把。薩爾瓦多未為人知的是它的人情味跟好客，只要接觸過薩爾瓦多的人，多半都有被照顧的無微不至的經驗。

　　與卡洛斯在美國分別，各自回到中美洲後，我們還是常常互相問候，直到這天終於又有機會能再碰面。在天主教為主的拉美國家，一年中最重要的兩個傳統節日就是聖誕節，以及慶祝耶穌復活的「復活節」，星期日復活日前的那週則是「聖週」。

1　花之路，西文名為Ruta de las Flores，六個城鎮分別是Ahuachapán、Concepción de Ataco、Apaneca、Juayúa、Salcoatitán以及Nahuizalco。

按照天文曆法的計算，每年復活節日期有點不同，但都會在三、四月分，期間人們吃魚取代帶血的紅肉、避免飲酒，拉美各城鎮的教堂也都會舉辦大大小小的遊行。

　　正當我猶豫這次復活節假期該怎麼安排時，卡洛斯邀請我到他阿爾塞市（西語：Ciudad Arce）小鎮上的家。他和家人都是信仰深厚、虔誠的天主教徒，他們邀請我一起鋪復活節地毯，於是帶了個簡單的背包，我又再一次回到薩爾瓦多。

瓜地馬拉安地瓜聖週時，每天不同的教堂都有扛神轎遊行，抬轎人穿著紫色的衣服代表「贖罪」。扛著沉重的神轎代表扛世人的罪。轎寬可達2公尺、轎長25公尺，可多達140人扛轎。（攝影／王昱允、蘇以若）

第六節　聖週地毯的思念（下）：溫柔的力量

　　中美洲在慶祝復活節時色彩很繽紛、宗教氣氛特別濃厚，其中一項獨樹一幟的傳統活動是聖週鋪地毯。地毯畫作自由，但以宗教主題為主，在瓜地馬拉美麗的殖民老城安地瓜的慶典最盛大，許多地毯甚至特地聘請藝術家製作，它本來就是一個中美洲學習西文的觀光勝地，聖週更吸引全世界的人到訪觀看。

　　另一頭，卡洛斯住的小鎮上也開始鋪地毯了，我到他家的這天是星期五也就是「耶穌受難日」。不同的是，純樸遙遠的小鎮這裡並沒有觀光客。居民們自己買材料DIY，家家戶戶從白天開始動手做地毯，大家得趕在今晚抬神轎的隊伍經過前，把地毯鋪製好。

　　我們在自家門口馬路上選好一段長方形的區塊，先鋪上乾淨的鹽打底，再用染色的木屑鋪底色。等到底色鋪好後，卡洛斯拿了幾塊準備好的

安地瓜的地毯富有極高的藝術性，使用的材料廣泛，可以是鮮花、蔬果，或是用染色後的鹽、木屑鋪製而成。（攝影／王昱允）

模具組來鋪在上頭。我們幫忙把染色的木屑撒在模具裡，再一拿起來，就成了地毯上美麗的花樣。

　　大家看著齊心合力製作的地毯逐漸完成，不禁會心一笑。這個地毯的頂端，還有一個不同於其它地毯的特殊之處，那是妹妹跟卡洛斯兩人親手鋪下的一個名字──「JUAN」。

　　卡洛斯跟媽媽、妹妹住在一起，在進到他們家時，很容易一眼看到樸素的客廳裡，掛滿了家庭照片，就像其他典型的拉美家庭。照片中一家人笑得開心，唯一不在現場的，是每一張照片裡一定都出現的，那位年約四、五十歲，靠在母親莉莉安身邊的男性。他正是卡洛斯幾年前因生病過世的爸爸。

　　「他真的是一個很好的人。」看著牆上一家人和樂的照片，媽媽喃喃自語的只說了這句話，她的思緒彷彿被帶離，又似乎像他並沒有遠去。看到媽媽陷入了沉思中，妹妹微笑著對我招招手，她把我拉到聖週地毯前，指著上面那個斗大的「JUAN」字。

製作聖週地毯所使用的器具與鋪製過程。

在昏黃的燈光照映下，這幅地毯畫跟這個「JUAN」字，散發出柔柔的光采。妹妹輕聲的說：「你看，這其實是爸爸的名字，我們把他的名字寫在上面，是因為他一直都在我們身邊，從來沒離開過。」

卡洛斯和妹妹鋪的，不只是對天主教信仰的虔誠，還深藏著對父親的思念。各家的地毯一塊塊鋪畫在小鎮裡，讓原本單調的馬路變得色彩斑斕。這些由薩爾瓦多人悉心鋪製的地毯，乘載的是一個個平凡家庭的簡單願望。

居民坐在家門前乘涼，一邊「照顧地毯」，鋪好的地毯需要不時噴水保持點濕度，還要隨時注意地毯的情況，避免風吹跟路過的貓咪、小狗來搞破壞。朋友們輪流駐守，有人離開去四處逛時，就有人負責當「地毯守衛」好好看著它。眼看神轎很快就要來了，居民們紛紛在門口掛上幾盞小燈。

宗教力量常在精神層面以及實際面撐起拉美人的需求[2]。今晚的遊行，神轎將踩過每一個地毯，在踩過它時，同時也能得到神的到訪祝福。在這一天，無論你是貧窮或富貴、歡喜或憂傷。每一個人都有資格許下心願，向神祈求賜福。

遠處開始傳來悲傷的音樂，是樂隊跟在抬轎隊伍中吹奏出的樂曲，神轎從教堂出發逛鎮了。聽到音樂，居民們紛紛走出家門到外頭守候，卡洛斯他們已經自動站到地毯旁，我跟在大家身邊，沉浸在這個氣氛當中。

我們站在家門口的地毯旁，隨著音樂越來越近，大家也緊張起來。抬轎人扛著神轎慢慢的走來，他們身上像肩負著神聖的使命，踩過一個個地毯。後面跟著的，是越來越多小鎮上參與繞境的居民。

神轎終於將踏入卡洛斯家門前。這瞬間，所有人的目光集中在這裡，時

2　比如天主教會資助的國際慈善團體明愛（西語：Caritas）為弱勢階層提供基本食物牛奶、米，或為處於危險情況的人提供短暫住宿、健康服務。也有社區內的教會每月邀請醫師義診，用比較便宜的價格取得藥品來幫助居民。

卡洛斯一家人的眼神落在神轎上，充滿期待。

間似乎停止了，就只為了這一刻。抬轎人站在美麗的地毯上，在那個斗大的「JUAN」字，父親的名字前，晃動著神轎，求神賜福與平安給這一家人。

美麗圖騰地毯壞了，木屑隨著踩踏飛散了。此時媽媽、卡洛斯跟妹妹臉上卻洋溢著滿足的笑容。

在被宗教力量包圍的這一刻，人們忘了曾失去家人、家園飽受摧殘。薩爾瓦多人對大環境、現實的人生有許多無能為力。對於人性的善良、信仰的虔誠，卻像是幫薩爾瓦多人點亮一盞行走的光，帶領他們鼓起勇氣走過所有人世間的憂傷，一點一滴的溫柔撫去這塊土地的傷痕。

第七節　一碗宏都拉斯牛肚湯友誼

大衛曾有個位在中美洲的遠距西語學生，某天好學的他在路上看到了不懂的單字，拍了張照片傳給大衛。

Baleada是一種包著鹹紅豆泥跟起司的宏都拉斯捲餅小吃，顧客可以選擇夾入喜歡的配料比如雞肉、酪梨等。

中美洲太平洋沿岸的特產「血蛤」（西語：casco burro）生長緩慢，最大可以超過15公分。把它剖開，並在血中把肉挑出再切小塊，加上檸檬汁、洋蔥新鮮生吃非常美味。

「不好意思，這個上面寫的是什麼啊？」

只見上面全都是西文，大衛拿到卻看傻了眼，好死不死他傳來的是一份海鮮菜單加上極為當地的菜色。

「呃……這些是什麼東西啊！」大衛看呆了。

「嗯……我看看。」我接過來幫他破譯這份天書：「上面有海蝸牛湯、牡蠣、還有baleada。」

拿中美洲海鮮菜單來，常能輕易考倒國境沒有海的南美洲巴拉圭人。

拉丁美洲土地廣袤、地理環境條件不同，即使普遍使用玉米、樹薯、豆子來製作各類食物，各國的飲食仍有自己的獨特性。

這個早餐包含中美洲食物常見的基本素材：鹹紅豆泥、炸大蕉、酪梨、起司塊、玉米餅。

南美洲的烤法很豪邁，抹上鹽就放在木頭或木炭上面慢火烤出食材原味。（圖為巴拉圭烤牛肋排）

太平洋沿岸的國家比如祕魯、智利以豐富的海鮮著稱，祕魯菜特別符合臺灣人的口味。中美洲有加入大蕉、椰奶煮食的海鮮湯。阿根廷、巴拉圭等幾個南美國家則以高品質的烤牛肉聞名。

拉美人很喜歡問我：「你最愛的臺灣食物是什麼？」

這對於我來說是個很難的問題，臺灣是小吃天堂，從那麼多美食裡只能挑一個，是要怎麼選？這題放在拉美就容易的多，畢竟選來選去食物也就那幾樣。

雖然食物變化很單純，卻有種讓人難以忘懷的魔力，那是食材的原味。在古巴跟宏都拉斯鄉村，我無意間買到的白麵包，就像是自己家裡奶奶揉桿出來的手藝，沒有花俏包裝跟化學調味，讓人為這個純粹新鮮的原味著迷。

比較特殊的平民美食有例如厄瓜多、祕魯的天竺鼠料理，用炸或烤來呈現一整隻肉質香酥的美味，厄瓜多甚至還有用天竺鼠肉泥做成的冰淇淋。（攝影／淑婷、家吉）

在安地斯山脈區國家玻利維亞、祕魯，原住民咀嚼古柯葉來緩解對抗高山症、提振精神，古柯葉被廣泛使用，可拿來泡茶喝、製作成古柯葉巧克力等等，在臺灣則被列管為二級毒品。

　　在臺灣擅於利用各種食材或動物部位烹調出美味的食物，如雞尾椎、豬血都能拿來煮，這些食材並不是所有拉丁人都能接受。以內臟類來說，使用牛的內臟做料理比較普遍一點，以牛肚加入蔬菜熬製成的「牛肚湯」是我在宏都拉斯最愛的食物，南美洲哥倫比亞、委內瑞拉也能找得到這個湯品，只是做法不太一樣。

　　從前在臺灣只吃過滷牛肚，自從不經意嚐了一次宏都拉斯人將牛肚熬煮成的湯之後，我就迷戀上這種濃郁的風味。每天到菜市場，我照例會先詢問一次「今天有沒有牛肚湯呢？」若是運氣好，能窩在小攤桌前吃點當地食物、喝上一碗湯就心滿意足了。

小菜市場很難看到什麼華人面孔，更別說老是來店裡報到找牛肚湯的臺灣人，老闆娘對我充滿好奇，總跟我閒話家常，漸漸的我們也熟絡起來。

　　這天有一通不熟悉的電話號碼，對方連續打兩三通來我都漏接了。我想了老半天還是不知道是誰，能打好幾通給我，究竟是什麼要緊事呢？我狐疑的拿起電話回撥回去。

　　「您好，請問您是哪位？」

　　「哎呀！你終於接電話了，是我啦！」另一頭的聲音聽起來熱情興奮。

　　「有什麼事情嗎？」到底是誰呢？我有些迷惘。

　　「我是要跟你說啦！今天我們有牛肚湯哦！」

　　「啊？」怎麼這麼突兀？我還是一頭霧水。

　　「我xx菜市場打來的啦！今天煮了牛肚湯，趕緊跟你說一下。」

宏都拉斯婦女正在路邊用木材燒煮傳統的甜玉米飲料（西語：atol de elote）。

這回換我驚呼了，我這才想起曾經給老闆娘電話這件事，沒想到她還記掛著我愛喝，特地打過來通知我。聽到關鍵字，我三步併作兩步，趕緊穿好鞋子飛奔菜市場。

　　身為忠實的當地美食愛好者，這天我又接到另一個邀約。一位很有氣質、恬靜的女學生安娜（Ana Vallecillo），她下課後走了過來。

　　「老師，我想請你來我們家。」

　　真心想要邀約你的拉丁人很直接可愛，第一句話就是「直接破題法」，他們甚至已經想好時間、地點、活動目的，才會開口（見5-1章）。收到這種邀約通常不會想要拒絕，因為他們一定很有誠意的一整套都幫你想好了。看來安娜應該想好主題了吧！

　　「哦？好啊。」

　　「我奶奶星期六要做牛肚湯，她知道你很喜歡，所以我們想邀請你來喝。」她頗為正式的說。這次主題的主角居然又是牛肚湯！還搞到連她奶奶都知道我愛喝，這讓我有些受寵若驚。

　　我爽快答應安娜的邀請，在約好的時間到她家。她推開家門，屋子裡擺設的全是木質家具。奶奶從廚房出來，她微笑和善的跟我打招呼，身上還穿著圍裙，她跟安娜一樣有著溫婉的氣質。

　　「再等一下，湯就要好了喲！」奶奶慈祥的說。她從早上就開始燉煮這一鍋。

　　除非使用快速壓力鍋，否則要熬煮牛肚湯很耗時，一般需要兩、三個小時，才能把牛肚煮到軟爛。奶奶把蓋子一打開，濃郁的香味伴隨白色的蒸氣溢出，湯頭呈現黃紅色，南瓜等許多蔬菜精華已經一起融合在湯裡。奶奶舀了一碗給我，裡頭滿滿的牛肚、玉米跟樹薯。

　　「這是我自己的特有配方，裡面還加了柳丁汁，你快嚐嚐看。」奶奶笑容滿面。

「好啊！謝謝。」看著眼前這一碗緩緩冒著熱氣的湯，我忍不住想開動了。但安娜跟奶奶卻只是靜靜看著我，桌上也不見她們的湯，我只好也繼續乾坐著。

「你快吃呀！」安娜看我發起呆，忍不住催促。

「喔，好。」我應聲說好，拿起湯匙正要喝，一想又覺得不對。

「怎麼只有我吃，你們呢？」拿著湯匙的手就這樣尷尬的懸在半空中。

「我們已經都吃過別的東西了，這個湯是要請你的。」她們笑了笑，並沒有打算要吃，只是用期待的眼神看著我。

沒想到她們花這麼多的心思熬煮，只是為了要請我喝。我既感動又有些不好意思，僅僅是我愛喝湯這件小事，她們卻默默記在心上。終於，我在她們專注的目光中，緩緩喝下一湯匙……

熱湯滑過我的喉嚨，我嚐著這個溫潤、質樸的味道，這碗湯摻雜了很多滋味，是來自於安娜跟奶奶對我的記掛、貼心重視的心意。我是一個普通的旅人，她們卻用心給了我最多的溫暖。

「很好喝，真的很謝謝你們。」我抬起頭對她們說。

「是嗎？太好了。」安娜跟奶奶像鬆了一口氣般，露出心滿意足的笑容。

她們為了我喜歡這碗湯感到開心，我也因為她們開心而感到開心。無論是菜市場老闆娘、Ana一家、拉美的好朋友，或甚至是我生命中出現的人。都曾給了我一個相同的目光，一個單純看到你開心，就滿足了的眼神。奶奶煮的這碗熱湯到底是什麼味道呢？

我想，應該叫做「家的味道」。

TIPS
食譜：簡單牛肚湯自己做（宏都拉斯食譜）

　　這道菜餚不是每一個拉美人都敢吃，反而是來到拉美的臺灣人，大多會愛上這道牛肚湯的美味，就讓我們動手試試，在自家廚房煮出中美洲的異國風味吧！

品名：牛肚湯（西語：Sopa de mondongo）

分量：3人份

時間：3~4小時（也可以使用壓力鍋，約1小時）

食材：

牛肚半公斤	大蕉1根
馬鈴薯1個	樹薯1根
洋蔥半個	高麗菜適量切塊或切絲
青椒半個	南瓜1/4塊
紅蘿蔔1根	蒜2瓣
玉米1根	香菜、鹽、胡椒粉適量

步驟：

　　1. 可使用檸檬清洗牛肚去味。

　　2. 將所有食材切塊後，在煮滾的水裡放入牛肚、青椒、洋蔥、蒜，並且加入鹽、胡椒粉等調料，一起煮到牛肚軟爛為止。要把牛肚煮爛約需2小時，請記得要再加水以免燒乾。

3.將蔬菜都一起丟入鍋中（除了南瓜跟大蕉），直到煮到軟爛。

4.將南瓜跟大蕉一起下鍋熬煮到軟。

5.完成！加入一點拉丁美洲在食物中普遍使用的天然色素「胭脂樹紅」（西語：achiote），可以讓這道湯品顏色偏紅、看起來更為可口。

牛肚湯小常識

1. 搭配白飯或玉米餅，就是一道中美洲風味的佳餚。

2. 添加椰奶不是傳統的做法，但也有人視喜好添加。

3. 大蕉、樹薯、胭脂樹紅可能較難取得，基本上對於湯品口味影響最大的是牛肚，還是能用大部分的材料做出相近味道。

第五章
拉丁美洲的承諾

神父在小教堂裡為阿卡達和阿利耶進行結婚祝禱儀式。

第一節　真約？假約？

出了拉丁美洲繁忙的大城市，時間觀念普遍來說都變得「更彈性」。對於工作大家還會守時一點，如果是一般邀約，從他們嘴裡會清楚的吐出一個時間，然而你永遠不知道真正的時間會比當初說的晚多久。運氣好的話可能說好十二點，結果遲到半小時，運氣不好就是一、兩小時的等下去。

約好要一起去某地，最聰明的方法就是選擇一邊在家裡做自己的事，一邊等他來接你。不過比起遲到，還有一個更令人心碎的大絕招，就是你收到的根本是一個「假約」。

宏都拉斯人在與你接觸談天時，通常非常熱情，他們跟你天南地北的聊，這次聊不夠，當然要把下次見面的機會也約起來啦！他們從你的口中得知你居然還沒去過某家超棒的餐廳，這怎麼可以呢！為了盡盡地主之誼，是一定要把你帶出去見識一下的。

那天全班不知怎麼聊到某家餐廳，平時大家上課感情也不錯，於是興沖沖起鬨約好了週六中午要一起去那裡吃飯。反正我也沒什麼事，就爽快的答應，我還邀約了臺灣朋友嘉禧跟琳達一起。

三人在時間將近時，邊聊邊走往那家餐廳。從遠處看向餐廳，外頭沒有半個人，學生一定已經都到了在裡頭等著吧！想到這裡，我不禁急著加快腳步。看了一下時間，差不多是約好的十二點。就在我們氣喘吁吁走最後一個上坡時，手機開始不斷震動。

「咦？他們都還沒到嗎？」我們走完了上坡，站在餐廳門口吁著氣。眼看外頭沒有半個人，於是嘉禧發問了。

「這……。」時間已經到準點，望向餐廳裡也沒有熟悉的面孔。我把手機抽出來看了一下，才赫然發現裡頭的數封簡訊，都是學生們傳的。

手指按下第一封訊息，上頭寫著「對不起，我臨時家裡有事，不能去了。」我再跳入第二封訊息「我不在首都，現在跟我家人旅遊，你們慢慢吃。」

　　我倒抽了一口涼氣，眉頭越皺越緊，接著按下第三、第四個學生傳來的簡訊，上頭寫著不同的理由，但都表示突然不能出席了。有幾個人甚至無消無息，彷彿沒這場聚會，七、八個說要來的，一個也沒出席，只留下我跟傻眼的兩個臺灣朋友和碎了一地的玻璃心。就在此時，遠遠的一個熟悉身影出現了，是班上的男學生。

　　「嗨。」他揮手跟我們一行臺灣人打招呼，環視了一下四周，神情也不意外：「嗯，看來我好像是唯一到場的，是不是很夠意思。」

　　「呵呵……那還真是謝謝你呀……。」我們三個人苦笑著點頭。從此以後，我的心裡就對跟宏都拉斯人邀約這件事留了個底。

　　當地人還是常時不時的起鬨說要去哪去哪，面對他們的邀約，即使心裡知道這只是些天花亂墜的場面話，卻不能直接把「我看你是在唬爛」的表情寫在臉上或果斷拒絕這個假約，因為這麼一來他們會覺得你這個人不好相處，甚至嘀咕你為什麼不願意。解決的方法就是現場你必須配合演出，表現出你興致高昂很想參加，跟他們認真的討論。

　　「星期五晚上你可以嗎？」

　　「嗯，那天我有事呢！」

　　「那我們約星期六下午。」

「好啊好啊!」

這樣看似在喬時間的橋段,並不代表雙方就是認真的,花了半小時討論可能只是在「喬假時間」。接著無論是否能成行,都不要太放在心上,甚至臨時跟他們說要取消也沒有問題。

如果收到的是個「假約」,邀約過後對方通常會告訴你「不好意思,因為如何如何所以不去了,我們約下次吧!」。或是對方邀約完後就會忘了這檔事,那天說好的一切就跟沒發生過一樣,當然也不會有任何人來。

某天,另一個班的幾個女孩又在七嘴八舌的討論要去哪,要怎麼聚會、吃什麼,大家鬧哄哄的喬時間,當然也約了我。

「老師,我們星期三要去吃漢堡,你一起來好不好?」費南妲快跟大家討論好時,跟我提了這件事。

「好啊好啊!」我想也不想,爽快的一口答應,反正不管她講什麼,只要說「好」就對了。

「你要確定哦!我們是約真的。」費南妲看我回答的很隨便,於是補充了一句。

「咦?你們是講真的啊?」我這時才回過神來,剛才我都只是在敷衍她。

「對啊!說要去的人真的都會去。」費南妲確認的說。

「呃⋯⋯所以你剛才是說要去哪?我沒聽清楚。」原來這次的討論不是嘴上說說,我居然這麼不誠懇真是太糟糕了。

「去吃漢堡啦!吼,老師!」

我認真的加入討論,跟她們約好時間地點,這場愉快的聚會後來果真也成行。

如果你重視承諾、看待事情認真,點頭答應就不隨便違背,帶著這樣的美德到拉美這麼隨性的地方,一開始可得吃不少虧,常常搞不清楚對方是說真的還是嘴上說說。

其實要評斷真假也不難，如果對方只是很興奮的跟你聊天中一時下了這個約定，你們也還不太熟，除非經過再三強調、確認這件事，不然通常無法成行。

另外有很多熱情的拉美人真心想邀約你，約期選在一個重要日子，比如生日、聖誕節，表示這個約的意義特別。拉美人非常重視家庭，邀約中如果他家人也會在，那些邀你跟他家人出遊、聚會的約都是真的。

其他日常的大約小約，有些人不需特別日子、或再三強調，但你從不怕被放鴿子，你真正的好朋友就是會守承諾的人。換句話說，會守承諾的那個人變成你好朋友的機率最高。從小細節，往往較容易找出誰才是你在拉丁美洲能信任的人。

找到這些訣竅跟準則之後，逐漸的，被放鴿子的情形沒再發生過。現在想想當初放我鴿子的人，並沒想過我會這麼認真看待，他們心裡知道，只說過一次的話是不算約定的，我是唯一不知道的那個。

後來每一次和當地朋友的邀約都是令人愉快的聚會。即使收到一堆雜七雜八的邀約，也能迅速挑選判斷出到底是否是「假約」，這些假約與許許多多的拉美承諾是美麗的詞綴，說過就消失，在當時的聊天過程、對彼此的想像中，留下美好愉快的印記，但實不實現……Who cares？

作者小叮嚀

拉美常有遲到的問題，如果請人來修繕或其他事務，即使約定了時間，也請耐心做好等待數天或數週的心理準備。許多拉美人常自己動手修繕、做簡單的維修，學會一點水電技能在這裡很實用。

第二節　鄉村生活（上）：另一個拉斯維加斯

　　我的朋友凡妮莎（Vanessa Domínguez）來自宏都拉斯東邊的鄉村城市「約羅」（西語：Yoro），她在首都待了一陣子試著找工作，有空便來我家串門子。她沉靜踏實、非常賢慧，常二話不說就順便幫我把家裡打掃了一番，相較之下，在旁邊唱歌、跳舞、喝酒的我還比較符合一般人對拉丁女人的刻板印象。

　　宏都拉斯靠山區的村莊，個性比較沉穩內斂，性格上也保守很多。靠海岸線的拉丁人則充滿歡樂、性格開朗，流傳的一句話叫「San Pedro Sula trabaja. La Ceiba fiesta.」意思是商業大城汕埠市[1]人負責工作、住海邊旁的拉塞瓦人負責玩跟辦嘉年華。

　　九月底這個氣候微涼的時節，學校開始放假了，一年四次的長短假期讓我可以出去透口氣，宏都拉斯的鄉下、海邊都很美，這次決定前往北方加勒比海的我，卻在出發前先收到了凡妮莎的邀約。

　　「貓貓，妳要不要跟我去拉斯維加斯？」

　　我的腦中浮現了賭城的極致繁華樣貌，她怎麼會突然想去那裡？

　　「好是好啊，你想什麼時候去？」我問她。

　　「就下個禮拜啊。」她普通的說。

　　「啥？這也太趕了吧！」我吃了一驚，還真是說走就走的旅行：「你要我下個禮拜就跟妳去美國？」

　　聽到這句話，凡妮莎禁不住笑了出來，她揮了揮手否認：「不是啦！不是美國的，是約羅的拉斯維加斯。」

1　位於宏國北部的第二大城汕埠市，是通往各處的重要節點、該國最重要的商業中心。拉塞瓦（西語：La Ceiba）是位於沿岸的第三大城，也是可乘船通往加勒比海島的城市。

宏都拉斯鄉村的溪流景致。

　　原來這裡也有宏都拉斯版的「拉斯維加斯」，還正是凡妮莎的家鄉。
適逢她表姊結婚，於是她起了邀我到她家作客的念頭。我爽快的答應她，
跟她先去找在第二大城汕阜工作的親戚。

　　接近正午時，姊妹幾個親戚雇的車遠遠駛來，轟轟捲起的塵土飛揚，
來的是一輛卡車。中美洲天空蔚藍，熱起來太陽非常毒辣。卡車後頭的載
物板上堆疊了不少椅子，親戚們戴著大草帽爬上卡車，再伸出手協助其他
人爬上去，摺疊椅一個個的在卡車上展開，大家也隨之穩穩入座。

　　就在我也正打算爬上卡車時，凡妮莎把我叫住了，出於照顧客人，她
要我坐在前頭的副駕駛座上。我回頭看載物板上，每人手上拿著一把大扇
子，一行人倒也自在的聊天，浩浩蕩蕩出發。

離開喧囂熱鬧的大城市，沿途的景色出現變化，放眼望去是翠綠的鄉村景觀。路上經過了田野、幾片綠林，車過凡妮莎小時候玩耍的幾條溪流，她還邊指邊介紹著。五個小時後，我們終於到了小鎮「拉斯維加斯」。

親戚們紛紛下車回到各自的家，這幾天剛下過雨，地上滿是泥濘，一到凡妮莎家門口，兩隻狗兒嗅到熟悉的氣息立刻衝出迎了上來。從門外到家裡庭院種滿許多植物，有賞玩用，也有種來吃的蔬果。在鄉村人們安於自給自足，並不會有過多消費。田裡種出什麼就吃什麼，桌上的菜餚常是用家裡種的番茄、院子裡母雞生的蛋做的。

凡妮莎邀約我在村裡一起走走，路途遙遠，她畢竟難得回來一趟。能在村莊裡到處看看當然好囉，我跟著她拜訪住在各處的親戚，途經一戶人家，凡妮莎向我比了個手勢。

「這是我阿姨家，我們進去吧！」

「好啊。」我欣然應允。

踏入阿姨家門，我們熱情寒暄起來，阿姨倒果汁給我們喝，問了在城市裡的近況。聊了一陣子，我們笑著向阿姨告辭。

走出阿姨家後，我還沒跟凡妮莎聊到兩句，她又很快轉進隔壁的人家中：「這是我的高中老師家。」她轉頭對我說。

「哦，好。」我應了一聲，趕緊跟上她的腳步。

看到凡妮莎來，老師和善的詢問我們在都市的生活，也聊聊她們以前的同學。向老師告辭後，凡妮莎又在踏出門後幾步要轉進另一戶人家。

「等等。」這時我忍不住了，我攔住凡妮莎，不可思議的說：「這一小段路我們已經走了半個小時還沒走完，難不成每一戶你都認識？」

她停下腳步朝我點頭，手指向斜前方：「差不多都認識啊！那個是我叔叔家，旁邊是另一個老師家，再隔兩戶是我同學家。」

我呆呆的聽她細數，小鎮裡幾乎每個人都彼此認識，到處住著親朋好友。這個晚上我跟著她，每走幾步就拜訪一位親友，沒想到在小鎮這麼忙

碌，一圈走完我感到疲憊，抬頭望去已是滿天星斗。鄉村的夜晚蟲鳴聲四起，依著星光及微弱燈光我們回到凡妮莎家。

第三節　鄉村生活（下）：她的婚禮

老舊的客廳裡，微弱的燈光照映斑駁的牆，中央擺放的是豪華的液晶螢幕電視，旁邊則是一臺大型的立體音響。一家人此時正圍著電視聚精會神的看著，農村的生活極單純，人們日出而作日落而息，天黑之後的農村家庭沒有什麼娛樂生活，完成了一天辛勤的農事工作，該是到了犒賞自己的時候。

一臺聲光效果俱佳的好電視、昂貴多功能的智慧型手機是人們夢寐以求的東西，它們能洗滌疲憊，看著電視閃動的節目畫面，再艱難的日子也都能從中獲得安慰。

「你們回來啦？要洗澡的話去鄰居家洗好了。」凡妮莎的媽媽說。我有些納悶的照做，搞不清楚為什麼洗澡要特地去隔壁，直到隔日，我的疑惑得到了解答。

一打開水龍頭，黃色的泥水隨即嘩啦嘩啦地流出來，這是河水，這幾天下雨使得它變成混濁的泥水。於是我也跟著使用河水梳洗，廁所在戶外，門口放著水桶供大家使用，廁所沒有門，於是無論洗澡、如廁都對著樹叢呈現半開放式的狀態。

我跟著凡妮莎的家人在村裡生活、爬爬小丘。很快的第三天，表姊的婚禮之日也到了，參加婚禮是此趟主要目的。接近傍晚，村裡的氣氛逐漸鼓譟起來，村民開始往山丘上的教堂聚集。凡妮莎姊妹帶我去了一趟親戚家，她們接過兩個畫有花樣的藍色蛋糕，小心翼翼的捧在手上，這正是為了今晚婚禮準備的。

「啊！你看。」在回來的路上，凡妮莎突然驚訝的指向前方一抹身影。

她穿著一襲白色婚紗，穿過草叢，為了閃避這幾天大雨過後的泥濘，不得不拉高美麗的裙擺。她腳底下穿著拖鞋，鞋底早已沾黏滿滿的黃泥，頗為狼狽的閃躲。她沒有任何笑顏，黝黑的皮膚、銳利的眼神，沒有一絲的嬌嫩姿態，她的臉上反倒透露出一股堅毅。而她正是今日婚宴的主角。

「她就是新娘子，我表姊。」凡妮莎點點頭向她示意後，便又看著新娘子小心艱難的踩踏每一步，然後急急忙忙走掉了。我呆呆的望著她的背影，遠方不少村民也陸續動身上了小丘。

「我們也趕緊去準備吧！」我隨著凡妮莎的催促加快步伐，等我們弄好到了會場，證婚儀式已經快要結束了。脫去那雙沾滿泥巴的拖鞋，新娘子早已換好精緻的婚鞋，恢復優雅從容的在紅毯上接受神父證婚。小小的教堂裡擠滿了人，儀式結束，滿滿的人潮從小丘頂四散開來。

「哇，今天是不是全村到齊啊？」走出教堂後，我問凡妮莎。

「是啊！現在願意結婚的人越來越少，真的很難得有婚禮，所以大家都來了。」

在拉美，婚姻常不是人生神聖的必經之路，許多人有了孩子也沒有婚姻關係。對一些人來說，沒有婚約更等於少了壓力跟包袱，也難怪一個婚禮在村裡會這麼吸睛。

一般村民看完儀式就各自回家，親戚們則來到婚宴會場。會場做了喜氣的布置，就搭在村裡的活動中心。有別於華人走實際路線，婚宴都是包禮金給新人貼補開銷，拉丁美洲多半是贈送禮物，舞臺前已堆滿禮物，滿滿都是賓客的心意。旁邊的桌上擺放著兩個藍色花樣的蛋糕，正是凡妮莎家準備的。賓客們吃著婚宴的餐點，是兩支雞肉串跟一個用香蕉葉包著的玉米粽（西語：tamales）。

新郎與新娘再次步入會場，吸引了眾人的目光。眾人抬起頭專注的聽

教堂為小鎮村民證婚，也是村裡平日宗教活動、信仰的中心。

著雙方的父母致詞，娓娓道來說著新人以前的故事，在場的親朋好友為他們的故事流露出感動神情，也為逗趣的小事發笑。要讓拉美人踏入婚姻並不容易，一旦結婚，也願意盡力守護家庭，這是一個簡單樸素的婚禮，今晚卻在村裡，像一顆心臟般跳動著，閃閃發亮。

悠揚的音樂開始奏了起來，新娘的父親巍巍顫顫的牽著她走入舞臺中央，兩人隨音樂起舞。父親的頭髮已經花白，他握著女兒的手，踏步、旋轉，跳這具有象徵意義的第一支舞。新娘像小女孩般的依偎父親，今天過後，爸爸就要把她交給生命中另一個重要男人。這支舞跳的是父女感情。

音樂緩緩停止，新娘的父親將她的手交給新郎。隨著新郎牽著新娘再度步入舞臺中央，音樂又演奏了起來，他們浪漫的旋轉起舞，接受眾人的欣羨及祝福。

　　美麗的白紗裙隨著優雅的舞步飛散在空中，連帶捲起鄉村裡的泥土，還夾帶些青草的樸實香味。她的堅毅、美麗，她成為如同其他拉丁美洲女性一般的普通婦女，也成為這片土地上的力量。

　　鄉村是遠離城市的拉美人生活縮影，蛻去那一襲白色美麗的禮服後，她從此拿起鍋鏟，每天在廚房裡烹煮食物，為了一家大小忙進忙出。煎過的玉米餅傳出香味、抹上鹹鹹的紅豆泥，跟家人一起圍坐著吃塊餅，搭配好看的電視，這樣的日子就足夠了。對於生活中的一切容易滿足，只要夠基本溫飽即可。

　　也許旁人對這樣的生活方式，會有些疑問，比如：

　　「你們不想改善生活過得好一點嗎？」、「你們什麼規劃都沒有？生病了怎麼辦？誰照顧你？」

　　或許你會得到這樣的回答：

　　「我們現在的生活很好啊！要改成什麼樣才叫好？每天為了煩惱還沒發生的事不開心，不是太累了嗎？這邊醫療不太好，生病了可能撐不到老，天主就會先接我走了。」

　　這是屬於兩個世界的對話，苦短的人生讓自己開心都來不及了，哪有時間憂慮那些未知的事？如果我確定能把握的只有今天，那就讓我們選擇把握身邊的人，活在當下吧。

　　你說可以讓你快樂、你需要的東西對我來說也不重要。我有房子能遮風避雨，還有愛人孩子在身邊。工作完後喝杯啤酒、開電視看個足球已是最大的享受，我想不透，快樂的我還需要什麼讓我更快樂呢？

　　許多人安於滿足自身擁有的東西，他們也許什麼都沒有，也或許已經什麼都有了。

第四節　小屋不思議（上）：驚喜送上門

待在宏都拉斯的第二年我搬到這裡，不像其他外派外國人所挑選的防護安全的高級大廈，也不是龍蛇混雜的複雜居住地。這一區叫「Las Colinas」（意為：小山丘），它是很普通的當地人居住地，社區氣氛溫馨，有些人家庭院種滿了花，也有人砌起磚紅的古樸房舍。

我的門牌號碼據房東說是「3346」號，話雖這麼說，門口卻沒有任何門牌標示，不僅是我們這一戶，而是沒有一戶人家掛門牌。第一次在德古西加巴跟司機報路時，只報號碼跟路名，我驚慌的發現完全沒人懂到底在哪裡。有別於抽象的訊息，你必須這樣報路……「銀行後面的第二個街區，那條路口有棵大樹，轉進去第五家有一扇黑色的門就是我要去的地方。」

相同的道理，你想要收包裹，如果老實的寫上你家住址，會寄到哪裡去就只能聽天由命。有一回臺灣的機構寄給我一份不太重要的文件，抱著沒打算收到的心情胡亂填上住址。沒想到過了一個月，我竟詫異的看到包裹靜靜的躺在門口，據說郵差把這包東西拿來的時候，非常無奈。能在家裡收到包裹真是神奇，這一包看來是命中註定的。

宏都拉斯無庸置疑的是一個令人出乎意料的地方，具體一點的說，拉丁美洲就是一個讓人猜不透的地方，時時冷不防顛覆你的認知。

繼續說說我住了四年的這間小屋。房東把屋子分租給包含我在內的七個人，鄰居中有普通上班族跟大學生，住戶們彼此感情不錯，每當到了中美洲乾季，庭院裡的酪梨樹結實纍纍，大家還會分工合作採摘酪梨再分贈。

這天中午烈陽燒得熾熱，我關上房門打算去附近超市買東西，我踩過地上的枯枝，發出唧嘎的聲音，正當我往大門走去時，發現其中一戶空房的門居然開著。我往裡頭瞥了一眼，正好對上一位穿著長裙的優雅女士和

我四目交接，她腳前冰冷的地板上躺著一位裸著上半身、穿著長褲，躺姿呈現「大」字型的男人。

乍看之下還以為是命案現場，只見那個男人一動也不動，眼神厭世的直盯著天花板。我停下腳步看著他三秒，看他胸口伏動還在呼吸，大概只是太熱躺在地上降溫罷了。我不再理會他，轉而跟女士隨口聊了兩句。

「你們是來看房子的嗎？」這間屋子已經空了一陣子，想必他們是來看房租屋的吧。我心裡合理的解釋著，女士卻對我搖搖頭。

「不，我們住在汕阜，這是我姐姐的家。」女士原來是房東的妹妹。

「哦？那今天怎麼會來首都呢？」

兩個女人熱絡的攀談起來，地上的男人還是安靜的躺著。

「今天是我們電影的首映會呀！等一下我們在City Mall有場簽名會。」

「簽名會？什麼簽名會啊？」我怎麼越聽越一頭霧水。

「我是電影「誰來付帳[2]」的女主角呀。」女士親切的解釋。

宏都拉斯的本土電影產業近幾年來蓬勃發展，電影以現實生活開展，以當地街道、湖、教堂等實景拍攝。幾部片子在中美洲大受好評，喜劇片中「誰來付帳」，這位女士飾演的正是片中女主角「Dora」。

2　宏都拉斯2013年出版的本土電影「誰來付帳」（西語：¿Quién paga la cuenta?），房東的妹妹Sandra Ochoa飾演劇中女主角「Dora」，已於2015年不幸病逝於波士頓。

原來她是位明星？接受到這個意外的訊息，我呆住還來不及反應，誰知她指了指地上那個男人，接著又說：

「他是電影男主角。」

這下子更傻眼，莫名其妙只是要出門買個便當，就在自己家裡巧遇電影女主角已經夠震驚了，一直倒在地上不知道在幹嘛的那位，居然還是男主角。這個突兀的畫面加上太過驚訝，沒想到要簽名拍照，我禮貌的祝他們簽名會順利便揮手離開了，臨走前男主角也終於帥氣的對我揮了揮手。這是我第一次跟電影明星的近距離接觸，還是在自己家裡。

宏都拉斯常出其不意給你驚喜，阿根廷鄰居曾邀約我，看他上節目的訪談片段跟他出演的短劇。甚至家教學生也常出人意表，比如一個風度翩翩的爸爸，每週六總帶他五歲的孩子來家裡上中文，我好心拿張板凳讓那位爸爸坐在外面等孩子，坐了好幾週板凳才發現他是政府高層官員。

許多人事物發生的令人震驚，又自然的沒有違和感。也因此我發現宏都拉斯是一個具有衝突美感的地方。

第五節　小屋不思議（中）：馬可的請求

後來那間男女演員曾出現的空屋，陸續有人搬來了又走，直到搬進一個男生。他是我的朋友馬可（化名），馬可原本住在附近別處，某天他來拜訪我時，喜歡上這邊的環境，於是他很快的搬過來，正式成為我的鄰居。

馬可是個開朗溫文的男生，總是喜歡穿藍白條紋的襯衫，顯得紳士。我們相處愉快，常常我煮了什麼食物也會跟他分享。

那天馬可跑來找我，說他手上沒錢吃飯需要急用，我一聽沒多想，就義氣相挺的拿了他需要的數字給他。一陣子過後，總聽到他的房間傳出朋友來開派對的聲音，我心想他應該手頭也寬裕了，他卻遲遲沒有還錢的動靜，我開口向他討要幾次，卻依舊未果。

某天馬可主動前來敲門，並用真摯的雙眼眨呀眨呀的看著我：「抱歉哪！我這陣子還無法還你，等過陣子錢進來，我馬上拿給你。」

「好。」既然他都這麼說了，我也表示理解的點點頭。

馬可接著說：「還有……很抱歉又要再向你開口。」

「怎麼了嗎？」

「過幾天我要搬回瓜地馬拉，可是我媽還沒匯錢給我。」馬可誠懇的看著我：「你能不能再借我一些旅費？」

「這……。」有別於第一次的爽快，這一次我有些遲疑。

「拜託你！」馬可閃動著他水汪汪的真誠大眼，雙手合十的對我說：「等我一回到家，就立刻匯錢轉給你，你把帳號給我，我知道怎麼轉。」

畢竟是朋友有困難時提出的請求，再怎麼樣我也該幫他，我點點頭應允：「好，沒問題。」

馬可還留下一箱他母親的東西要我幫忙保管，裡頭是娃娃跟幾個木製品。我幫他把東西收好，他從我手中接過旅費就和我揮淚告別離開宏都拉斯。

隨著日子一天天的過去，回到瓜地馬拉的馬可無消無息。請我保管的那一大箱東西，過了好幾個月也從未有人來領取。終於有一天，我主動寫訊息給他，我向馬可問候近況，並且提醒他那箱物品，文末我還附上他當初跟我要的銀行帳號。

沒能等到任何回覆，幾天後點進他的臉書，我發現我已經被他刪除了，當初真心誠意的態度，隨著遠離這裡也一併消失。沒想到對他的信任換得這樣的對待，我的內心很受傷，後來我和其他人聊到這件事。

「你不要太難過，一個朋友跟我借完錢後，就把我給刪除加封鎖了。」莉琪只是淡淡的告訴我。

那一箱保管物和我就這樣一併被丟棄在宏都拉斯。由於東西太占空間，加上某種憤怒的情緒，過了半年那箱被我移出室外，承受風吹雨打。紙箱因為受潮而軟爛，裡頭的東西經太陽日曬乾了又濕、濕了又乾。又過了幾個月，我下定決心把那箱拿出去丟棄，這樣丟了別人交代的東西既不道德又彷彿鬆了一口氣。有別於我的掙扎，東西的主人自始至終都沒出現過。

這樣的情形不算罕見，有時甚至只是說了幾句話的路人，也可能隨便編個理由跟你開口，如果一時相信那無辜閃著淚的眼神，東西一出手都別期待能再拿回來。

有些人也習慣直接開口討要東西，有個女孩子看到我穿著一條綠色的新裙子，她用讚嘆的語氣對我說：「哇！你的裙子好美。」。

「謝謝。」

「等你要離開宏都拉斯的時候，這條裙子可以送我嗎？」她已經先做好預定，可是我從來沒說過我要走呀。

另外也曾有不同人跟我要電鍋、熱水器、漂亮的玩偶，場景多半是我手上拿著這些東西時，他們剛好看到了，喜歡就跟我討要，而這些人我都不熟。

這裡更沒有搶付帳單、不願別人吃虧這回事。某次跟幾個認識不深的朋友出門，大夥兒要吃墨西哥塔可，帳單一拿上來，我就急急的掏錢幫全部人付了，本來我就有意思要請客。

然而，大家只是默默看著我的行為一句話都沒說。一切默默的結束，輕而易舉搶帳單成功的我，不知怎麼的也有些失落，心中有種「愛不對人」的傷感。似乎也不用急，根本就沒人想跟你搶。於是我收斂這種互動習慣，倒也沒再發生過這種尷尬的畫面。

第六節　小屋不思議（下）：搶著借錢的朋友

　　日子繼續過，慢慢的我忘了和馬可的不愉快，我還常跟幾個宏都拉斯朋友，相約出門吃飯。今天我家從早就一直處於停電狀態，無預警的全區停電停水是常發生的事，可能持續數小時到一整天。

　　某天也是從一大清早開始停水電，每隔幾小時我試圖打開水龍頭，看水電到底來了沒？那天有一場重要的慶祝酒會，沒辦法洗澡讓我的心情很焦躁，我早已收到邀請函，每位來賓都會以莊重的態度參與酒會。眼看時間逼近，我卻在沒水沒電的黑暗小屋中困坐愁城。

　　就在宴會開始的倒數幾小時前，電燈的白光突然倏地打亮了小房間、水也開始嘩啦啦的流下來。我的天哪！電終於來了！我用最快的速度梳洗、換上正式小禮服，急忙叫了計程車趕到宴會場。

　　賓客已雲集在宴會現場，男士們穿著黑色西裝、女士們則穿著典雅的長洋裝或禮服。彬彬有禮的侍者為我遞上一杯酒，拿著紅酒的我外表鎮定，腦中浮現的卻是剛才被困的場景，跟現在觥籌交錯的景象恍若兩個世界。

　　今天臨時停電，說來也只是平常事。本沒將此事放在心上的我，卻不經意發現左右鄰居屋內透著的燈光，我疑惑的檢查戶外電燈，發現供電也都正常。所以並不是停電，而是被斷電了，而且只有我一個人被斷電。

　　只要超過三個月沒繳電費，時間一到電線就會被剪斷，前陣子旅行再加上遺失電費帳單我又沒特別留意，這下被斷電我才在心裡懊悔大呼不妙。

　　趁著電力公司還沒下班，我趕緊搭車衝去繳費。到了電力公司外的大馬路，我還在張望著大門要從哪裡進去時，一個身上背著工具袋、腰間身上也掛滿了工具的男人，正鬼鬼祟祟的看著我。緊張的打量了他一眼，正好對上他的眼睛。

在海外需要穿著正式服裝參與的重要場合不少。

　　「接電、接電……」男人小聲的對我說，邊說還邊朝我走來。

　　「抱歉我有急事。」一來不知道他想幹什麼，二來我的確急著要去電力公司，朝他揮揮手後，我急忙走掉。

　　到電力公司繳完欠款將事情辦妥，櫃檯人員向我承諾明天會派人到家接回電力後，我就安心的回家了。第二天下午一回到家，我第一件事就是打開電源確認，可是反覆按了幾次開關都沒反應，看來電還沒來，我枯坐等到晚上，最後不得已只好點起蠟燭。隔天我學乖了，一大早利用空堂時間打電話給電力公司，直到得到他們再一次派人來家裡接電的承諾。

　　由於早上就打電話確認過，回到家後，我自然的打開電燈，沒想到還是沒有電。這下我手足無措了，電力公司天天掛保證，卻又天天放我鴿子，看來今天還是要繼續一個人活在沒有電力的世界，我嘆了一口氣又點起蠟燭。

「叮叮叮……」桌上的手機響起，亮著的螢幕提醒我好像忘了什麼事。我接起電話，另一頭傳來朋友約書亞的聲音，

「喂，你還好嗎？這幾天怎麼都連絡不到你啊？」他緊張的問。

「還行啦。」我無奈的回答，並大致解釋一下：「抱歉啊……我被斷網路斷電了。」

「我去找你，我們先去吃飯再說吧。」約書亞掛掉電話後，火速衝到我家。周邊鄰居家的燈都好端端的亮著，只有我的房間可憐兮兮的透著微弱燭光。

約書亞環視了我的小房間一眼，見我坐在一片慘淡的燭光中跟他打招呼，他露出驚訝的表情：「到底怎麼回事啊？」

「也沒什麼啦。」我解釋著這些狗屁倒灶的事，自己覺得有點蠢，約書亞只是認真聽。

看我沒事，約書亞好像鬆了一口氣，他開始解釋：「按照規定，電力公司必須先敲門通知你才能剪電線。」

「是哦？我也不知道什麼時候就斷電了。」

「這也不意外啦！我家也發生過這種事。」約書亞開始回憶起當時的情況：「那天我坐在家裡看電視看到一半，突然就斷電了。我開門走出去，發現有人正在剪我家的電線。他們看到我還冷笑對我說：『這下子你終於願意出來了啊！』」

「然後呢？」

「我非常生氣啊！每個月的電費我都繳了，我拿繳費收據給那幾個人看，他們這才發現他們搞錯人。」約書亞瞇起眼睛：「他們要剪鄰居的電線，結果剪錯剪成我的。」

我笑的前仆後仰，這太無厘頭了。

「像你這種事就該早點告訴我。」約書亞將話題轉回來：「你等一百年電力公司的人都不會來。」

「啊？那該怎麼辦？」

「就因為這樣，你才會在電力公司門口看到那些拿著工具、要私下接電的人。」

原來大家都知道實際情況，外面才做起私偷接電的生意啊！

「放心吧，這件事我幫你想辦法。」約書亞安慰我，接著又小心翼翼的問：「你到底是不是發生了什麼事？」

「啊？」我被這個突如其來的問題問得答不出話，愣了兩秒後才回答：「什麼事？沒有啊。就是忘了交電費……。」

約書亞聽完，還是不放心的重複確認：「你確定嗎？有什麼困難我可以先借你錢，你不要擔心。」

我尷尬的搔搔頭，不知道該怎麼再解釋，看來約書亞真的被我嚇壞了。「真的沒事啦。」我有些百口莫辯。

隔天我下課回到家一開電燈，這次終於隨著「啪」的一聲，白光再次照亮我的房間，網路重新運作，一切又回到了常軌。能這麼順利當然不是電力公司派的人接好的，他們只是口頭答應，實際上從頭到尾都沒來過。

將我從只能點蠟燭的日子中拯救出來的，正是約書亞跟社區的警衛，昨天約書亞一知道警衛會接電線這項技能之後，立刻請託他幫忙。在他們的相助之下，一切已迅速的順利解決。

「叮叮叮……」桌上的手機響起，打來的是阿蕾莉。

「喂，克莉絲，你還好嗎？這幾天怎麼都連絡不到你啊？」跟約書亞幾乎是一樣的開頭，電話一接通，阿蕾莉就緊張的問。

「沒有啦，就只是……。」我把狀況大致跟她說，豈知阿蕾莉竟然跟約書亞一樣的反應。

「你是不是出什麼事情了？」

「沒有啊！我只是太晚繳電費。」我硬著頭皮又尷尬的解釋一次，我乾脆拿大聲公跟大家宣布我忘記繳電費這件事好了。

「有什麼事你要說，不要都不講。」阿蕾莉語帶嚴肅，繼續擔憂的追問：「需不需要我借你錢？需要的話我馬上拿過去。」

聽到這些話，既感動又哭笑不得，沒想到阿蕾莉跟約書亞竟然輪番搶著要救助我。這幾個為我兩肋插刀的宏都拉斯朋友，他們把我的情形想像的很糟，一個個輪流擔心起我。經過我再三解釋跟保證，阿蕾莉才終於放心。

如果沒有他們，不知道日子會多難熬。也或許這個擔心很多餘，在中美洲一切最終還是能逢凶化吉。不是我相信自己多好運，而是每當遇到不順遂的事，天使就一定會出現。

那個在下著滂沱大雨時，看我吃力抱著二十公升水桶要買水回家，急忙衝過來幫忙的宏都拉斯計程車司機、那個大熱天在馬路邊看我鞋子突然壞掉不知所措，主動借我拖鞋穿的阿伯。

是的，我就這樣穿上阿伯腳上的拖鞋走回家。

有人想盡辦法從你身上占便宜的同時，更有人盡力在幫助、保護你。動聽真摯的話語也許是騙人的工具、一雙淚眼汪汪的大眼也只是遮掩不堪事實的裝飾品。

值得慶幸的是，理性的思考終會讓人看穿真相。只要用心，就能清楚感受你被安放在誰的心上。中美洲布滿許多陷阱，天使卻也總在身邊守候。

TIPS
拉丁美洲永久居留資訊

想要來拉美發展、工作、念書都需要申請長短期的居留證，如果決定待在拉美並申請永久居留權，各個國家要求條件不一，比如墨西哥，只要是因為工作等原因臨時居留滿四年，就可申請永久居留權。另外以下則有

兩個拉美國家申請永久居留的移民條件較寬鬆：

	厄瓜多	巴拉圭
位置	位於赤道上，它的西邊是太平洋，北邊接哥倫比亞，其他陸塊則與秘魯相連。	位於南美洲內陸的心臟地帶，緊鄰巴西、阿根廷兩大南美國家。
特點	具備優良的氣候、豐富生態、物價低而曾被媒體雜誌評選為「最佳退休居住地」之一。	境內生活物價低，亞裔移民多。巴拉圭的東方市免稅區是南美洲重要的商業投資中心。
永居申請條件	可以透過專業人才移民、退休、存款移民等各類途徑先申請臨時居留簽證，停留滿21個月後再申請永久居留。	可以透過各類途徑移民，較常見的方式是存款移民。在巴拉圭的政府銀行開戶，存入350日基本法定薪資，折合約五千美元的當地幣。 存款是申辦永久居留的條件之一，需要再公證並繳交文件，親自來巴拉圭請代辦或律師協助申請手續。
移民監	有	無，一年沒有需居住滿多少日的規定。

資料來源：臉書粉絲專頁「大衛巴拉圭移民代辦」2021年資訊

第六章
拉美式
工作效率

小馬車悠閒的在尼加拉瓜的城市馬薩亞（Masaya）街道上行走。

第一節　黑與白（上）：談談看罰款

如果跟亞洲人普遍的時間觀念、做事效率來比，許多國家都差一大截。說到拉丁美洲，許多國家步調緩慢或貪汙的情形，都反映在公部門的運作方式與效率上，對於強調速度感的人來說，更常常像是被戳到死穴。也有幾國狀況比較好，例如智利、烏拉圭的清廉指數[1]在全世界排行相當於歐美或日本等已開發國家。

志工約滿後，我決定自己留在中美洲一段時間繼續磨練，決定下得輕鬆，誰也想不到光是申請居留跟工作證，原來是一段訓練忍耐力跟毅力的過程，這也是我第一次跟宏都拉斯的公部門交手。

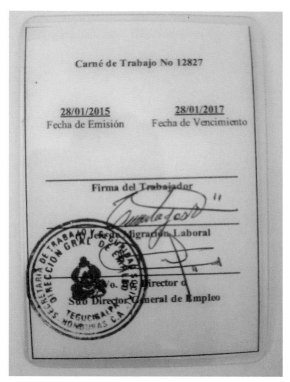

要在宏都拉斯合法工作，必須申請短期居留及工作證。（此圖為我的工作證）

派駐在汕埠分校的亞真跟本校的我，續約前夕跟學校討論了數次。「學校會提供你需要的資料。」國際關係處室組長坐在辦公桌前的另一端對我說。

1　據非政府組織「透明國際」每年發布對貪腐的評估資料顯示，在180個國家的評比中，2019年清廉指數排名第1名的是獲得87分的紐西蘭，烏拉圭排第21位，僅在第20名的日本之後。智利排第26位、臺灣排第28位，哥斯大黎加則排第44位，以上評比的拉美國家清廉分數皆在50分以上，其他大多都不到50分。

「我可以把學校律師的聯絡方式給你。」她停頓了一下：「我問過律師，由於你們還要自付機票跟申請文件費用，請她幫忙辦理居留的話，律師費可以分期付款，減輕點負擔。」

「好。」我應聲記下律師的電話。

另一方面，我遠端跟亞真討論接下來該做的事。從宏都拉斯回臺灣，再回到宏都拉斯，所有文件翻譯、驗證程序都得在十天內完成，時間這麼短，想到我可就頭痛了。

好在我們討論的可是臺灣呢！臺灣機關的極高辦事效率就是能讓你無所不能。我像旋風一樣，環遊世界一圈火速把流程跑完，成功離臺。

「咦，你不是剛回來嗎？」「你是回來轉機的嗎？」朋友們紛紛挖苦，我也只能苦笑置之。為了再回中美洲，散盡存款帳戶都空了。手裡拿著這一疊驗證好的文件準備交給律師，心頭一緊，現在可還欠著律師費。

在經過長途飛行、數次的轉機回到中美洲之後，還因為時差昏昏沉沉的我，盡快的跟律師約了時間見面，把資料全交給她。

至於要等多久才可以拿到居留證呢？每個人能給你的最好答案就是──不知道。

當你想得到什麼清楚的答案，拉美人常常會在回答完你的問題後，補一句「Si Dios me lo permite.」，這一句中文意思是「如果上帝允許我這麼做的話」。什麼情形都很好套用，比如「我明天會去工作，如果上帝允許的話」、「我要吃烤肉，如果上帝允許的話」。

每次聽到這句就讓人納悶，這些不是你可以做決定的事情嗎？關上帝什麼事呢？在拉丁美洲這個充滿不確定感的地方，什麼事你都可以答應，最後能不能做得到只有上帝能決定。

交完申請資料之後一切就像石沉大海，但這不代表我就沒事了，在居留還沒好以前，每個月都要辦延簽直到它下來那天為止。每個月我得趕在過期前，把護照跟錢交給律師讓她處理。就這樣來回延了好幾次，某次卻

因為跟律師會面時間喬不攏，遲了一天才送去移民局。

「還好，這個罰款也不多。」律師輕鬆的來提醒我交罰款，她把罰款單給我看：「過期一天大概一百七十美金。」。

「什麼！才一天耶！」我不可置信，我苦苦等了居留證大半年都還沒下來，簽證過期一天就跟我收這麼高的費用，分明趁機敲詐。

「沒辦法，它上面就這麼寫。」律師用一種「你還是快點去繳了吧」的神情看著我。畢竟晚送去移民局一天是事實，摸摸鼻子我只好去把罰款繳了，讓流程可以繼續跑下去。

「啊！你還真的繳了那筆錢啊！」美國朋友L先生說。

「是啊。要不然呢？」我無奈的說。

「有時候，那個罰款是可以談的。」L先生一副老江湖，四十多歲的他，在這裡已待了二十幾年：「我的居留已經過期很多年，他們要我交的罰款太高了，我不想繳。」

「連逾期居留罰款都可以談？這樣耗著真的可以嗎？」

「我只是不能出境。反正我不需要出境，我在跟他們談，看他們能降價降多少。上次我去問過，他們說願意降到八千倫比拉，我覺得還是太高了。」L先生輕鬆的說：「他們也不會趕我走，趕我走了他們要去哪收錢？」

對某些人來說，拉美某些國家反而很好處理，什麼事情都有看不見的可能性，彈性空間很大，就看你的背景、交際手腕當然還有找到對的人幫你打通關，俗語說有關係就是沒關係，正是它的寫照。許多人開車橫衝直撞，我常懷疑他們是怎麼考到駕照的。

「不是啊，大家的駕照當然不是用考的。」一個朋友跟我解釋：「是用買的。」

「你的駕照不會也是買來的吧？」我斜著眼看他。

「不、不。我是通過正常程序考來的。」

「哦？」他的回答真讓我驚訝。

「那……考的過程還算順利嗎？」我好奇的問。

「糟透了。我按照正常的規定考試跟申請駕照，花了我很多時間心力，等了非常久。」他兩眼空洞的回想：「其他買駕照的人早就都拿到了，我還在等。」

第二節
黑與白（下）：令人痛哭流涕的居留證

每個月律師來找我一趟，帶來的消息都是居留還在申辦中，每次我掩不住失望，仍沉住氣耐心等待，又過了數個月，律師告知我居留證快好了，僅差到現場簽名及拍照。

「太好了。」我掩不住滿心的欣喜，在指定的那一天前往移民局。第一次去移民局，走進大門我在滿滿的人群中找到一個位置擠下，幾排的長椅上都是排隊等著領取證件的人，我邊看自己帶去的書邊悠哉的等，一個小時過去也將輪到我了。

「小姐你好。」我心情愉悅的坐下，辦公人員只是自顧自的盯著手機。

「嗯。」她應了一聲，繼續滑著手機。

「我來辦理居留證的事項。」我向她說明來意。

「嗯。」她散漫的又應了聲之後，手機滑到一個段落，她才開始正眼看我。

「這是你的資料吧？你簽個名。」經過了一陣子的翻找，她從一疊文件中拉出了屬於我的那張，遞到我眼前。

我仔細的核對，接著就應該是拍照。但是緊接著，我發現文件上我的名字拼法是錯的。

「不好意思，我的名字是錯的。」我將上頭的錯誤指給她看：「怎麼會這樣，現在該怎麼辦？」

「這我不知道，你去問另一邊的櫃檯吧。」她把文件遞還給我，要我自己去處理。我皺了皺眉頭，站起身來，試著去詢問她所說的B櫃檯。

「你好，我的文件有誤，想請問一下該怎麼處理。」我客氣的詢問B櫃檯的小姐。

「這我可不知道，你去問A櫃檯吧。」她沒有遲疑，乾淨的回絕。

「可是，我剛才從A櫃檯走過來，是她要我問你的耶！」

「我不知道要怎麼處理，你回去問她。」B櫃檯小姐強硬的回應我。過程中沒有人願意詢問一下對方，只是要我走來走去自己找人解決。這樣的場面司空見慣，甲將事情推給乙、乙再把事情推回甲。

「我不知道。」是許多人慣用的口頭禪，兩手一攤什麼事情都可以推得乾乾淨淨不沾身。如果忘了做某件事情，慣常用「Se me olvidó.」這句話帶過，意思是「忘了」，但並不是我的錯，而是某件事就是發生了，雖然跟我有點關係卻也不是太重要啦！

我拿著文件又走回原本的櫃檯：「這位大姊，你說的B櫃檯要我回來問你怎麼處理。」

眼看我這顆燙手山芋走了回來，櫃檯小姐似乎知道她躲不掉。她拿回文件，想了一下：「這需要請你的律師過來一趟，改資料、簽名。」

「所以我暫時是拿不到證件的囉？」我沒好氣的說。

「拿不到。」

我很快的請律師去處理這件事，文件修改好的幾星期後，我二度去移民局排隊拍照。等到照理說該領證件的那天，我有些遲疑了，根據以往的經驗，也不知道是不是真的好了。我決定先打電話，以免白跑一趟，畢竟每次從工作中特地抽空去也耗時。

「移民局嗎？上次你們跟我說今天可以來領居留證，我想先確認一下

是不是好了。」電話的這一頭我問著,並且主動報上我的名字,不過她似乎並沒認真聽我報資料。

　　「既然上次都說了,那應該沒問題。你直接過來一趟吧!」另一頭輕鬆的回答。

　　既然如此,排開工作我又去了一趟移民局,熬過大排長龍的人潮後,櫃檯高聲喊出我的名字。輪到我了,等待這麼久,這一天終於來了,眼看即將要領到這張居留,我的嘴角浮起笑意,踩著輕盈的步伐走到櫃檯,我不禁有些雀躍起來⋯⋯

　　「今天要辦理什麼?」

　　「我來拿我的居留證。」我在她的辦公桌前坐了下來。

　　「嗯?你的居留證?」辦公人員頭一歪,看起來比我還要困惑。

　　「對啊,不是說好了今天會好嗎?我來之前還特地打了通電話確認呢。」我提醒她。

「照理說是，但現在你的居留證還沒好。」

「為什麼？為什麼又還沒好？」我像是從頭被潑了一盆冷水，張大眼睛，不可置信的看著她。

她頗為正式的看著我，語氣平靜的回答：「因為我們做居留證的紙沒了。」

這下我沒轍了，移民局完全不按牌理出牌，什麼事情都會發生。一下印表機墨水沒了、一下卡紙沒了。解決這些光怪陸離的事情，如同一場脾氣跟耐心的修煉。

距離一開始申請，到拿到短期居留耗時近十個月，我還算幸運。另一位朋友來這裡工作一直到離開宏都拉斯，自始自終沒拿到過。拿到它那天，我幾乎感激涕零、聲淚俱下。這十個月我活著、存在的意義就是為了每個月來搞這張玩意吧！

在我抱著希望回到中美洲的同時，凡妮莎則選擇飛去臺灣與她先生舜豪展開嶄新的生活。經過一段時間的適應，凡妮莎狀況逐漸穩定後再次跟我聯絡上，她還開始在臺中賣起中美洲美食。

「貓貓，我已經拿到臺灣的居留證了。」凡妮莎興高采烈的跟我分享好消息。

「啊？」

「你們不是回去才剛滿一個月嗎？」有沒有搞錯啊！可能是拿宏都拉斯居留的過程波折，太過順利反而讓我覺得不對勁。

「我們就按照規定辦一辦，很快就拿到啦！」舜豪輕鬆的補充。

在眼淚中終於讓人明白，和善的協助、高效率的服務，這些曾被我們以為是理所當然的事，中美洲教了我，其實它從來不是。

拍桌子或叫囂這些激進派的招數，既不痛不癢，更不是能解決問題的方法。你一樣不屑推託的態度，但學會了感謝許多曾真心竭盡所能幫助你的人。

那究竟是亞洲社會普遍的高效率，還是中美洲的效率才算正常？也許並沒有正確答案。中美洲有著另一種人生速度跟態度，它讓人學會了一件事情，就是「等」。從前我習慣立刻、馬上就要，到了拉丁美洲這套並不管用。放寬心，事情總有一天會在你不知不覺中默默完成。你要相信，上帝會允許你的居留下來的。

至於我的朋友為什麼拿不到呢？應該就是上帝不允許吧。

第三節　誰敢說我作弊

宏都拉斯在美國的地緣跟勢力影響下，開立許多雙語學校，家境優渥的從小將孩子送去培養，英語甚至講得比母語好，不少學生輕鬆拿下托福超過一百的高分。隨著華語日益受重視，中文課就提供給已經精通英語的人，也成了來臺進修的一塊敲門磚。

私立大學大部分學生受到家長的保護，臉上看不出什麼憂愁，在衣食無缺與愛中幸福長大。另外一所最好的國立自治大學氣氛則截然不同，學生以草根階層為主，獨立自主，有抱負、想繼續升學的人，常還需要半工半讀來維持生計。國立大學或公家醫院這類機關，要面對經費被汙走或效率不彰的黑暗面，罷課或學運，中南美洲的國立大學通常是第一線的發起者。國立大學的運作方式也跟私校差很多，一般需要入學考試，想要畢業也不容易。

他們甚至偶爾還會發生些不可思議的原因導致延畢。L先生曾經深受其擾，他十分優秀，在自治大學念書時卻延遲了一年才能畢業。

「是發生什麼事啊？」我好奇的問。

「我快畢業的時候，被迫重修六科，不得已只好延畢。」

「那重修的原因是？」

私立大學每年都會特別為全校職員辦聖誕派對，舉辦摸彩餐聚、聯絡感情。

「哦，因為我的成績不見了。」

「啊？」

「去問的時候，他們說就是找不到，可能是存檔沒存好。」事過境遷，L先生只是淡淡的說。

「他們把你的成績弄丟，你得當冤大頭補修回來。」太慘了吧！連我這個路人聽了都想哭。

我工作的私立大學運轉穩定有條理，不太會遇到罷課抗議的情況，學生大多能按正常時間畢業。我很喜歡這個教學環境，同事、師生間氣氛溫馨，主管跟同事們也有禮客氣相待，自由跟彈性度很大，每個人只要把分內工作做好即可，可說是主管很沒有存在感的地方。

這間宏都拉斯的頂尖私立大學，幾乎每年來臺交流，相對來說有制度許多。學生來上課時必須打卡，只要遲到十五分鐘就算缺席，超過八次就自動被系統當掉。不得不說，要讓教學跟學習都能好好進行，這樣的制度常是必要的。

　　剛開始從事教學工作時，我自然的用亞洲社會的「快」去要求習慣完全不同的民族強迫進步。我熱血的希望學生突飛猛進，卻忽略實際當地情況跟亞洲學習方式的落差，學生對於這個急切的老師也感到害怕。後來我試著調整速度，多去了解他們，也發現他們身上有很多美好的特質。

　　「老師，這個糖果很好吃，給你。」赫克托拿了一顆糖果給我，接著慷慨的分給周遭的同學們。學生們大多是甜蜜有教養的好孩子，面對老師拋出的問題，一定會盡量回答，他們有自信，很願意發表自己的看法，上課總是睜著想知道一切、閃閃發亮的眼睛，能將語言跟文化介紹給他們，真是最大的喜悅。

　　只是學生畢竟有很多種，當某些人缺席已達八次，臨近被當的邊緣，這時就會開始聽到五花八門的理由，要求網開一面，比如「我生病了，所以不能來。」

　　「這次是生病，那前七次也是嗎？」我冷冷的回答。

　　首都有時塞車塞得厲害，交通阻塞也是常見的理由「路上塞車了，我可以請同學幫我打卡嗎？」

　　「不行，這樣其他人也會這麼要求，你可以早點出門啊！」

　　對於學生來說，我是個很難說話的人，否則無論在任何方面，你只要能想出個好理由，任何的錯誤都能彌補過去或合理解釋。你失敗，是因為講出的理由不夠好。

　　「老師，我沒來是因為我表哥被殺死了，我必須回去一趟。」「我沒寫作業，是因為歹徒把我的作業連同包包一起搶走了。」有時我會聽到這樣的解釋，這樣的原因令人吃驚，在中美洲的治安特殊情況下，卻也多半是真的。

也由於這門課有學分壓力，每到考試時就是狀況的開始。發下考卷後，我大略解釋一下各大題該怎麼回答，就坐下來監考。學生們振筆疾書或歪著頭苦惱的思忖，終於，有學生打破寂靜發話了。

　　「老師，『你有書嗎？』這個句子我應該改成『你有不有書？』還是『你有沒有書？』」

　　「這怎麼能告訴你啊！我們在考試耶！」我噴了一聲，沒好氣的白了他一眼。

　　「不要這樣嘛！你只要跟我說這個句型跟『你買不買車？』一樣還是不一樣就好了。」

　　「不行啦！你要自己想。」我還是不打算提示他。

　　「你只要點頭或搖頭就好了。」他甚至寬容的讓我不必說話，臺下的其他人也都紛紛抬起頭來，看我是要點頭還是搖頭。

　　「不可以，你不要再問我了！」我被纏得沒法子。這我怎麼能幫學生，豈不是在幫他們作弊。

　　「吼，老師你好小氣，都不告訴我。」學生咕囔的埋怨著。

　　「這……難道你們其他的考試老師都會提示嗎？」

　　「會啊！會啊！」學生們紛紛正常的點頭，似乎我堅持不提示才是前所未聞。一方面被學生糾纏，一方面遠遠的似乎看到最後一排兩個女生在交頭接耳。

　　「請不要說話，只要作弊就是零分。」即使平常跟學生感情再好，我一樣把醜話說在前頭。

　　考試結束之後，我發現有兩張考卷特別奇怪，這些字筆劃詭異，錯誤的地方一模一樣，我核對了一下名字，正是那兩個女生的。我把她們私下找來，她們如同夾著風一般的走來，表情就像義士一樣正氣凜然。

　　「你們國字筆劃的錯誤一模一樣，還創了一些我沒教過也沒看過的字。可以告訴我是怎麼寫出來的嗎？」

　　「我不知道。」

為了做元宵節特展，我的50位學生用心製作了一百個燈籠。圖為同學們正在猜用西語寫成的燈謎。

　　這句「我不知道」跟「明天再如何如何」可列為中美洲最令人搖頭的口頭禪。「我不知道」代表的是「不關我的事」，「明天再如何如何」意思就是「當然也不是明天，你慢慢等吧」。

　　「是我們一起讀書，所以錯的地方才會一樣。」僵持了幾分鐘，其中一個女孩子給出這個答案。

　　「你們是不是作弊？」我直接了當的破題，料想她們應該無話可說。

　　「老師，你在說什麼？你怎麼可以這樣懷疑我？」另一個用質問的口氣直瞪著我，臉色比我還難看。

「好，如果是這樣。」我打開文件夾，拿出了早已準備好的兩張白卷分別發給她們：「那就請你們把當時的答案，原封不動的寫上去，包括那些自創的字。」

她們接過考卷坐了下來，開始試著還原那份考卷，她們低頭思忖，偶爾提筆寫下答案。教室裡一片死寂，時間一分一秒的過去，我只是耐心的等。

過了大約半小時，她們兩個心有靈犀般的互看了對方一眼，其中一個終於打破寂靜開口了。

「我不要再考了，我寫不出來……。」

「對不起，老師，我不應該作弊……。」另一個用懺悔的語氣說著。兩個人同時眼眶泛紅，淚水在眼睛裡打轉，看起來楚楚可憐。

一開始彷彿是我欠了她們幾百萬，來討債的氣勢瞬間消失殆盡。前一刻正氣凜然的她們，下一刻哭得淚眼汪汪。這麼激動的情緒反差，像是在上演一齣連續劇。

要自尊心極高的他們誠心誠意的承認錯誤，有時候是一件很難的事。同時人與人之間的相處比較平等，你若覺得上級不對而與他爭辯也是常事。跟拉美人工作必須了解這種「屬於拉美的骨氣」，發飆只會加深彼此的緊繃跟激化。對於有個性、敢愛敢恨的他們來說，受了委屈，寧可瀟灑的轉個頭就辭職不幹了。

後來遇到類似的狀況，我更傾向於平心靜氣的處理，帶著微笑溫柔的提醒「我看到你作弊了喔！」、「不好意思，你被當了喔！」，用溫柔和緩的態度，反而再也沒出現過激烈反彈。

「拜託再給我一次機會嘛！」她們柔聲的央求。

即使內心翻騰的氣到要火山爆發了，我仍沉住氣悠悠的嘆了一口氣，用誠懇的眼神、柔軟的語氣，為難的說：「我也很想，但是這樣子對其他人不公平，真的沒有辦法。」

唯有依著拉美的邏輯來試圖解決問題，才能化解每一齣小戲劇可能帶來的爆點，走向和平的完美結局。

第四節　拉丁美洲沒有難關

從宏都拉斯到尼加拉瓜的這輛跨國巴士，比原訂的出發時間還要晚一個小時，這段時間乘客們只是平靜的在旁等待，看著工作人員滿頭大汗的維修壞掉的冷氣。

到尼加拉瓜首都馬拿瓜（西語：Managua）需要八個小時，乘客坐上巴士後，開到一半，早先修好的冷氣在中途竟又壞了。豔陽直曬車頂，四十

度的高溫燒的乘客們面有難色，不得不把窗戶打開讓空氣流通。就在接近馬拿瓜約半小時的路程之外，巴士開到一半突然停止。

「前面的車子好像出問題了呢。」探出頭往窗外看，似乎是發生了事故，車子全都因此卡在半路上動彈不得。十分鐘後司機熄了火，乘客們也都紛紛下車。

馬路變成了休憩的園地，有人悠哉的抽著菸、有人靠在車旁輕鬆的聊天。我坐在地上，趁機拿出自備的小點心享用一番，場景化為閒適的郊遊畫面。面對此行的不順利，大家一派和諧的一句抱怨也沒有。一小時過後，前方的車輛似乎又動了起來，乘客們若無其事地回到車上，再繼續這趟未完的旅程。

「在拉丁美洲旅行我的時間壓力好大，怕自己趕不上，我緊張到胃都痛了，看當地人居然還是悠悠哉哉的。」我彷彿看到曉芳頭上冒出的三條線，她習慣用臺灣標準訂一堆緊湊的時間表試圖去完成它。可惜在拉美，如果不想像曉芳一樣肚子痛，多少還是得試著配合拉美的獨特步調。

所有「計畫」都只是參考用，臺灣兩、三個小時可以辦好數件事情，在這裡要有耗了一天只能完成一件事的心理準備。我的背包客夫妻好友家吉跟淑婷，在臺灣是勤奮講求高效率的工程師，一來到拉美便無法適應。

「他吼，就很不能適應拉美的時間。說好了幾點出發，他就一定要那個時間搭到車，但常常怎麼等，車就是不來啊！」淑婷指著家吉說，看他一臉假裝事不關己的樣子。

「很多地方表訂時間跟實際車來的時間常常不一樣耶。」想了想過去的經驗，我這麼回答。在拉美如果急著要完成什麼事，通常只有急死自己的份。

「對啊，我就告訴他，你這麼急到底要做什麼？他就一定要照表出發，先到了目的地就在那裡發呆也好。」淑婷小聲的抱怨。

這也不能怪他，要想把事情做好，「效率」跟掌握事情的準確度是必

哥斯大黎加朋友丹尼爾一來車站接到我，車馬上就壞在路邊，在拉美遇到任何問題，都習慣平心靜氣解決。

備的，只可惜，這裡不是一個按牌理出牌的地方。

另一個在巴西長大的瑞士朋友，則瘋狂的喜愛拉美失序的這一面。

「在瑞士，表訂時間說車10:21分來，車就一定在那個時間一分不差的到達，可是這樣多無聊啊！一成不變。」他一攤手搖搖頭，話鋒一轉：「巴西可就不一樣了，到了預定時間車子左等右等就是不來，在你絕望之際，它就來啦！生活好多驚喜。」

仔細想想，那些急著要完成的事，是不是總是像我們以為的那麼緊急？

你對某些事還是有一定的堅持與要求，面對必須盡快完成的事情，這樣的效率感的確讓人慌亂。如果手頭上有些小工作，我習慣一拿到手就會開始處理，這樣才能繼續推進做下一件事。但在拉丁美洲，進度從此沒有進度了。

無論要做什麼，過程中突發狀況百百種，時間都必須算得寬裕一點。許多地方習慣把可以用一小時完成的事，拖到不得不完成的最後一秒。要是擔心怕來不及，有時候你還必須「騙人」，比如某件東西的真實截止日期是星期三，過程中你就得騙對方「星期一拿不到，這件事就會完蛋」。要不然雙方對於時間概念的落差，可是會發生這樣的事⋯⋯

每到月底家教班該繳費的時候，我有一位學生總會說她忘了，只能再延到下個月，這段時間她還是笑笑的來上課，只是就這樣無限輪迴的忘下去，最後竟然也積欠了八、九個月。拖到我已經放棄，行李也打包好要離開宏都拉斯的前夕，她的媽媽居然抓好時間，選在我離開的前一天把欠費一口氣全部交齊，她們依依不捨的擁抱，甚至送了我一件漂亮的衣服當作臨別贈禮。

跟家教學生擁抱了一下，我當下的情緒很複雜，臉上一陣青一陣白。分不清是感動、是離別的感傷還是驚嚇過度，拿著一堆當地幣，我只得急忙在搭飛機前跑去銀行把它換成美金。原來拉美人不只習慣幫自己抓最後一分鐘，也習慣幫你抓最後一分鐘，對於初到這裡的臺灣人來說根本是來鍛鍊心臟的。

類似這樣的情況層出不窮，人們對時間觀念的標準是「反正來得及就好」。拉美的樂觀，也讓大多人不會去擔憂、預想有失敗風險的可能性，常常最後一刻才緊急把東西生出來，做什麼事通常也都不會有備案。

在拉美無法預料、難以改變的事太多，於是人們學著接受、面對所有層出不窮的出包都可以笑笑就過了。在急切要完成的事情無法如期，所有時間都被拉長放慢的同時，很多時候，它好像就是毀了。同時對很多人來說「沒事啦！笑著解決它吧。」

在這個看似所有事情都跟計畫不符的地方，你開始學著放輕鬆，開始慢、慢、活，我們認為的什麼大事，在這裡都跟沒事一樣。也正是拉美特殊的混亂美感，跳脫了制式規範，讓人得到另一種形式的自由，一切是這麼的失序，同時又給人沒有界線的彈性空間。

人生的計畫趕不上變化，隨遇而安的態度，是面對人生難題時的另一種解答。學著看淡以往無法接受的大小事後，曾經的習題卻也自然而然的迎刃而解了。悲傷或為了一些難關崩潰時，放輕鬆，想想拉丁美洲，好像也沒有什麼事情是真的過不去的。沒搭到車？

那就坐下一班啊！

TIPS
拉丁美洲找工作

想要到拉美嘗試不一樣的生活跟工作環境，要如何著手呢？渡假打工在全世界蔚為風行，是一個較容易就能體驗當地的切入點，但目前臺灣與拉美國家並沒有這項協定，加上距離遙遠、資訊較少，也相對更為困難。

拉丁美洲是很有潛力的地方，只要用對方法，還是有不少機會。要特別提醒的是，學好西班牙文無論對於要來拉美工作或是旅行，都有極大的幫助。以下為讀者介紹幾種可行的切入方式：

1. 外派
一般國內的人力銀行上不定時會有中文的招募訊息，經由臺商公司外派到拉美，福利通常比較健全，薪資也較優渥。另外國合會常有長、短期外派到邦交國的志工機會，或因不同的專案計畫招募技術人員。

這個網站上可以找得到拉美各國的職缺。類似這樣的求職網站很多,每個國家也都各自有自己的網站。(照片取自CompuTrabajo)

2. 當地的徵才管道

若要直接找當地公司,西語通常都已需具備良好的程度,要能應徵到的難度也比較高。各國都有自己的求職網站,可以透過網站搜尋、報紙徵才甚至臉書社團。心中對哪家公司特別有興趣,也可以直接查詢該公司的網頁,通常會貼示出他們的徵才訊息。

如果聘僱者為拉美當地公司,薪資可高可低,薪資條件好的當地職缺較難找。若想要有不同的工作體驗,拉美公司倒是別有一番文化。

3. 當地尋找

工作職缺不一定都會在網路上,若留有一段較長的時間到拉美旅行、學習語言,當地直接找到工作也是很常見的。也許是僑校、當地釋出的工作需求、朋友介紹等等,各種管道來源都有可能。

4. 自行創業

最好建立在對這個地區已經有一定的了解，實際在當地待過一段時間，並依照個人能力評估過後，再尋找可行的方式創業。

━ 作者拉美工作經驗分享 ━

剛畢業第一次出國去打工時，我連英語都說不出幾句，更別說是西語，只能勉強講得出hola跟amigo兩個字。對事物的「興趣」跟「熱情」，是讓人能堅持下去的動力，當我發現自己對拉丁世界的嚮往後，我從零開始學起西語。初到中美洲時我是教華語的志工，約滿後大學跟我直接簽約，讓我以該校老師的身分順利留在宏都拉斯。

我在其他單位兼課，也自己開了幾個家教班，也許在拉美不一定能賺大錢，卻是能讓人感受到對生活充滿熱情的地方。有時我在豔陽下流著汗，大街小巷到處貼家教班文宣，一個人兼教學、招生、掃地，包辦雜事。讓人開心的是，在拉美，努力方向對了也能得到一些成果。如果通西語，加上當地缺乏人才，各類型的工作機會源源不絕，我不定期兼當商展翻譯、跟旅行社配合接待華人團。離開中美洲後，我在2017年到南美洲的大學教中文，約滿後又協助先生一起創建他的個人代辦小公司。

這就是拉丁美洲的迷人魅力之一，還在開發中的國家有它混亂之處，同時也充滿各種可能性。相對於高度飽和的國家，想法有更多嘗試空間、失敗成本也較低。語言能力是讓人事事順利的一個關鍵，能幫助你把握住更多機會，如果想要長期發展，也需再仔細評估衡量本身的專業跟條件在拉美的發展優勢。當願意踏出第一步，就已經成功一半，拉丁美洲會打開另一扇門，從此為你的人生帶來屬於你的機會跟驚喜。

金剛鸚鵡在宏都拉斯的馬雅森林裡展翅飛翔。

終章

拉丁美洲的
曙光

「你們好，我是從xx地來的，我的孩子生病了，醫生說需要做xx治療。」太太臉上的塵土還未擦去，頭髮凌亂，她每經過一間教室就會探頭看一下，有人在裡面她就會走進去。現在正是休息時間，我和巴拉圭學生們在教室外聊著天，不一會兒，那位太太手捧著幾捲文件和照片，已經從遠處來到我們一群人的身邊。她拿著孩子的照片，一走過來就直接解釋來龍去脈。

對我來說這個說明有些唐突，甚至下意識想舉手拒絕，然而我好奇的是學生會有什麼反應呢？就在太太走進我們這群人中時，笑鬧聲瞬間停止。全部人都集中精神認真的聽太太說明，等到她一說完，學生就開始奔跑進教室。

身邊突然一哄而散，只剩我跟其他兩人站在原地。幾個學生從教室裡爭相的拿著錢包跑出來，在僅有不多的錢袋裡，紛紛掏出一部分交給她，拿到捐款，她稍微致個意就離開了。我在旁目睹這一切很吃驚，畢竟很少看到捐助的人比尋求幫忙的人還要著急。

「你們曾經在捐款時懷疑過這是真的假的嗎？」我問。

「從來沒這麼想過，既然會來募款那就一定是因為他有需要。」

他們對於別人的遭遇抱持同理心，不隨便臆測評斷一個人。既然我自願想要幫助你，又有什麼好懷疑？甚至真實性也不太重要，是假的又如何？在這個艱難的土地上，有餘力的拉美人掏出的是一份對求助者的善良，跟他們的慷慨。

體貼慷慨的性格存在於許多拉美人身上，他們到了臺灣感到震驚的事情之一，是街上居然沒有任何孩子，而這裡有多少孩子流落街頭、在街上長大。在社會福利制度不夠完備、基礎設施仍欠缺的地方，靠的是國際組織介入協助，或是當地民眾互相幫忙，共同出力投入教育、醫療、各個層面。這些人也許默默無名，卻是一群偉大的無名英雄。

以下是對拉丁美洲本地的消防志願組織以及美國人所建立的NGO所做的訪談：

聖羅倫索消防隊使用的這棟消防局大樓、土地都是靠捐助，一點一滴慢慢建立起來的。

巴拉圭消防隊訪談

聖羅倫索消防局長貝德羅（Pedro Escobar）、指揮官克利斯提恩（Chrisitan Gonzalez）

臉書搜尋：Cuerpo de Bomberos Voluntarios de San Lorenzo "Cap. Juan Speratti"

這天又是四十度的高溫，中午的豔陽直曬大地，大衛開車載我跟孩子出門，光是坐在車裡都已經被烤得頭昏眼花，我拿起一本書幫孩子搧風，

耐著性子等待著盡快到目的地。突然前方紅綠燈下，走出幾位身穿藍色制服，手裡拿著箱子的青年，他們手捧箱子在烈日下的車陣裡奔走。大衛看到趕緊亂掏了一把零錢，搖下車窗就叮叮咚咚的全捐出去。那位身著制服的青年跟他點頭致意，就繼續往車陣裡走。

「他們是誰呀？」

「是消防員。」

巴拉圭最早的消防隊約在四十年前成立，聖羅倫索的消防隊則成立於1992年。巴拉圭的消防工作並沒有薪水，全部靠居民自動自發組成消防隊，面臨的挑戰除了經費短缺，在從事這樣的高危險工作時，消防員本身竟然大多都沒有醫療保險。

聖羅倫索消防隊的設備是由法國消防隊「Spai Sapeurs Pompiers」捐贈的。即使有單位願意捐助，消防隊只需要支付海運來巴拉圭7,500歐元的費用，但對於當地基本月薪約臺幣一萬元的普通人來說，這是一筆鉅款。消防員沒有後援，只能不斷想辦法向各界募款。

「有些城市還是沒有消防隊，發生事故只能跨區救援。對消防員來說，團隊合作非常重要，沒有辦法單打獨鬥」克利斯對我說。

在約訪談前，克利斯特地跟我約在下午四點過後，他白天是聯邦快遞的送貨員，下班之後才能趕來消防隊值勤。他們都另外有維生的工作，同時消防勤務24小時輪班全年無休，一旦發生一般人無法解決的意外事故、火災、車禍、需要搜救，一撥打電話他們便會立刻出動。

消防隊協助的範圍甚至不只這些一般勤務，在聖誕節時他們穿上聖誕老人的服裝到醫院陪伴小朋友，或在covid-19疫情肆虐、許多人失去工作時，開鍋煮食提供免費食物。

任何人有需要的地方，就有他們的身影。他們在維持生計跟消防工作兩頭燒的生活中疲憊奔命，堅強又純粹的，只是想為自己的土地做些什麼。消防員是一般民眾，同時也是民眾的守護者，

圖左：貝德羅／圖右：克利斯提恩。從事消防員年資：十八年

為什麼會願意投入消防工作？

貝德羅：我一直都很喜歡幫助別人，我的朋友他知道這點，所以十幾年前他邀請我加入消防隊，我就加入了。

克利斯：我從小的志願就是當一名警察，不過我媽不贊成。後來我就想，消防員也是一份很有意義的工作，我就決定成為消防員。

如何培訓消防員？

克利斯：想成為消防員的人，我們提供九個月的培訓，最後依照能力來做職務分配。

Covid-19疫情時期，消防隊數次將民眾捐獻的部分款項拿來採買食物，並選在民生較缺乏的區域開大鍋菜，分贈給居住在該區的2、300位居民。

貝德羅：我孫子、孫女五六歲的時候，我就把他們帶來消防局了。我們也有小朋友的培訓課程，只是上課時數會更長，小消防員在局裡幫忙，等到十八歲才能成為可以出勤的正式消防員。

消防工作最大的挑戰是什麼？

貝德羅：最大的困難，還是來自於經費不足。這些消防器材都需要經費來維護，出車救援的油費耗材也是每個月的一筆開銷。

我：消防員一天平均會接到幾次緊急電話呢？

克利斯：情況比較糟糕的時候，一天可能會接到六通緊急救援電話，多半是摩托車擦撞發生的車禍，我們必須一天出車救援好幾趟。

為了募款，解決消防經費不足的問題，一排消防員在路邊賣起了烤香腸，每個人手裡拿著一盤香腸努力吆喝推銷著。

做為一名志工消防員的困難點及收穫是什麼？

貝德羅：現在越來越少人願意當消防員，畢竟這份工作危險性高也沒有薪水，家人可能會不願意，不少消防員常有忙得好幾頭燒的情況。

克利斯：消防員們全年無休、24小時輪班駐守，有時候我們還需要把行李都帶來，消防局夜班值完勤之後，一大早再從消防局出發去公司做自己的工作。

我：消防員要值勤出任務、顧家庭、同時維持生計，真的很辛苦啊！

克利斯（笑）：我在從事消防工作期間學習到很多東西，它讓我看到了不同的世界。能幫忙大家、看到大家都平安就是我們最大的收穫。

如果不曾投入消防工作，可能會是什麼情況？

貝德羅、克利斯（笑）：我想……就算不是從事消防工作，應該也是在其他領域，選擇做其他幫助人的工作。能幫助到人，這就是我們喜歡做的事情。

我：那麼消防工作對人生帶來什麼改變呢？

貝德羅：很多啊！對我們來說，不只有值勤時才是幫助人的消防員。就算褪下了制服，如果看到有人需要幫助，我們一樣會義無反顧的衝上前去，這是這份工作帶來一輩子的影響。

宏都拉斯非政府組織「火花計畫」

執行長莎拉・伯克斯（Sara Burkes）訪談
「火花計畫」Chispa Project網址：https://chispaproject.org/

她對我露出大大笑容，幾年前的夏天是我第一次遇見這個散發著活力、個性溫暖的女孩莎拉。在治安風險極高，人人自危戒慎恐懼的宏都拉斯首都，她的笑容彷彿是這座城市裡一道溫暖的陽光。

2011年她第一次從美國來到宏都拉斯拜訪當時在美國和平隊（Peace Corps）的朋友時，也深愛上這片土地，於是她就這樣搬來了。帥氣的莎拉總是騎著她的重型機車野狼到處趴趴走，更帥氣的是野狼後座綁的箱子，裡頭裝的全是書，這是她的「行動圖書館」。

她從世界各地善心人士蒐集來的三千多本捐贈書籍，把租屋處塞得滿滿。每個星期，她在箱子裡放進孩子還沒看過的新書，騎著重機到偏鄉小學換一批新書，再把這些看完的書載送到下一個小學做交換，讓各個偏鄉小學的孩子們，每週都能輪流看到不同的書。

經過幾年的努力經營，莎拉的「火花計畫」除了用書籍燃起孩子們對於學習的熱情外，她的火花也延燒到各地。一是原先的「行動圖書館」

莎拉正在圖書館計畫的合作學校,大聲為孩子們朗讀。

有了更多人參與交換書籍,二是與當地小學合作,在校內設立圖書館,讓偏鄉的孩子們能更容易的閱讀跟使用精美的西班牙語童書。他們從各國募款,為宏都拉斯的孩子們從西班牙、墨西哥買進了兩萬五千本新的童書,並把這些書籍捐贈給六十所小學。

為什麼會想在宏都拉斯做圖書館計畫?

  莎拉:「一開始我自願在一個靠近薩爾瓦多邊界山區的小鎮當老師,校方提供我一間教室,單靠這間教室我必須教一到三年級所有學生。他們提供我一些幫助,基礎資源還是很不足。學生必須共用跟重複使用課本,甚至基本用品筆記本、橡皮擦也不夠。」

「於是我決定先從教學地點開始，建置一個小型圖書館。我跟在美國的家人募款，但進行到一半我才發現，拿不到孩子的故事書這個問題，比我想的還嚴重。就算我搭六小時的巴士到首都，能買到的書還是很有限。村裡的人每天平均收入四美元，一本新書的要價卻在十五到二十美元之間，一半的書還都是英文的，這只有富裕的雙語學校孩子才能讀。」

我：「宏都拉斯大都市的一般書店超少，最容易找到的就只有聖經專賣店，更不用說是偏鄉了。偏鄉孩子能拿到些什麼書？」

莎拉：「只有一些看起來就很無趣的教科書，有時候甚至連教科書都拿不到，經費都不知道去哪裡了⋯⋯。」

圖書館計畫的執行狀況如何？

莎拉：「從執行第一次計畫之後，我決定繼續做下去並建立了『火花計畫』。我認為有很多事是外國人在當地要展開『援助』之前要考慮的，比如不要承擔屬於人民、政府的責任，而是要從當地人無法自己做的事情來著手協助。書籍就是現階段一般民眾難以靠自己取得的東西，當地的書都是進口來的，本地很少出版，也因此沒有『閱讀』的文化。除了買書本，我們花更多心思在培訓老師、家長跟學生，讓他們把這些書籍應用在課室裡。」

執行的困難點在哪裡？

莎拉（笑）：「這就問到重點了！閱讀有助發展創造力和培養批判性思維，這不只是能讀懂課本的基礎能力而已，更有關人格發展。我們花了很多時間跟孩子們的家長溝通，有時家長會說：『啊！我們宏都拉斯人就是不愛看書，我們身上流的血液就是這樣，這是天生的。』可是事實上是因為書籍太昂貴、民眾負擔不了，這跟傳統無關。有時候改變跟灌輸新的想法，才是計畫中困難的部分。」

孩子有些什麼改變呢？

莎拉：「偏鄉學校的孩子們，一開始對事物沒有發展出好奇心，也不回答我們的問題，只會保持沉默好像什麼都不懂。他們在接觸了一些感興趣的書之後，更能理解抽象概念、一起參與討論，也因為知道的東西多了，變得更有自信。」

「老師態度的改變也很有意思，最初他們對計畫抱持疑慮，對老師來說，課堂閱讀只能是教科書。在我們裝修教室、帶來彩色的書籍還舉辦活動後，老師們也受到啟發，影響到他們對教學資源的準備。」

來到宏都拉斯對你的人生帶來什麼改變？

莎拉：「我來自相當強調個人主義和消費文化的美國，宏都拉斯改變了我對世界的看法。它其實有很多很好的地方，他們很重視家庭，也很珍惜手中所擁有的東西。」

我：「關於這兩點我完全同意，我們可能一直想追求新的、更好的，IPHONE7用膩了換IPHONE8。他們的東西壞了並不會隨意丟棄，而是想盡辦法修理好它，非常惜物。家庭也是拉丁美洲非常重要的一環。」

孩子在「火花計畫」蓋的圖書館裡專注的閱讀。

莎拉與宏都拉斯的孩子們。

是什麼支持你一直做下去呢？

莎拉：「有一次我去某處執行計畫，錯過了最後一班公車。我和一個奶奶共乘計程車進入小鎮，她知道我的情形後，就邀請我去她家，她準備了晚餐跟房間讓我安心住一晚。不僅是我，團隊的人都有類似故事，居民知道我們的工作後，給我們很多水果或玉米餅、幫我們修理壞掉的摩托車，他們把所擁有的、能分享的，都拿出來幫助我們、支持我們的計畫，這也是支持我繼續的動力。」

「我看到社區對於書籍的需求，也想跟社區一起合作。也許『一本書』聽起來沒有什麼，但是當你以前從來沒有擁有過它，一本書卻像是開啟了一個新的世界，它讓人看到了真實，也為孩子們的世界帶來更多可能性。」

跨越千年的彩色鳥

金剛鸚鵡山鳥園臉書搜尋：Macaw Mountain Bird Park and Nature Reserve

　　我去了一趟動物園，在那裡，每一隻小動物都被獨立關押在一個個小監獄裡。牠在玻璃做的天地裡，不停的打轉找尋出口，直到撞上玻璃才稍稍停頓下來。旁邊的人聲笑語是個與牠無關的世界，牠接著繼續兜著永遠出不去的圈子。心底埋藏著小小的無能為力感，一直到那天，我在另一個地方遇到一群完全不理睬人的動物。

　　「你們看。」拄著手杖的嚮導巍巍顫顫地往上方一指，他是一位年約六十歲的長者，正帶我們走在科班的馬雅遺跡裡。就在他語畢時，靜謐的叢林裡突然劃過一聲高亢的鳥鳴，隨之拍翅飛過的是那一抹紅藍色的身影。

　　正想看清楚剛才那一抹身影時，旁邊的地上窸窣的傳來一陣小騷動，一隻刺豚鼠踩過乾枯的樹葉從我們旁邊跑過去，就像沒見到我們似的探頭探腦專心尋找牠的食物。人煙稀少的馬雅森林裡，動物們反倒很忙碌，我不敢出聲，擔心打擾牠們覓食。

　　科班的馬雅金字塔遺跡距離瓜地馬拉邊界十幾公里，在五到九世紀時曾是馬雅王國重要的首都。由於這個遺跡的雕工精細、

緋紅金剛鸚鵡在馬雅國王雕像上遊憩。

鳥園跟Welchez基金會一起在鄰近科班的小鎮為孩子們舉辦鸚鵡教育講座。

發展先進，科班也被視作是馬雅界的巴黎。遺跡保留歷屆十六位的馬雅統治者雕像，森林裡動物們喧鬧的聲音陪伴著這些遺跡，更尤其是牠，已經伴隨了千年。

　　剛才那幾抹紅藍色的身影已落在地上，牠們是森林裡彩色活潑的點綴，正可愛親暱的咬住伴侶的鳥喙玩耍。近看會發現牠的毛色更明顯，從頭部開始到尾巴呈現紅、黃、藍色排序的羽毛。牠是緋紅金剛鸚鵡（學名：Ara macao），壽命最長可到一百年。牠從1993年開始被列為宏都拉斯的國鳥，同時也在瀕臨絕種名單之列。

緋紅金剛鸚鵡分布的區域廣泛，墨西哥、中美洲往下延伸一直到祕魯、巴西、波利維亞為止，橫跨中南美洲的熱帶雨林區都是牠的範圍。早在馬雅的神話裡牠就已存在，對於馬雅人來說是太陽神的化身，遺跡裡也可以看到馬雅人將牠雕刻下來，視為象徵。

在馬雅文明消失之後，牠的神話也隨之破滅，人們看到的只有牠漂亮珍稀的毛色，牠一度被高價盜賣到世界各地，也面臨了嚴重的生存危機。雖然買賣國鳥違法，被抓到照理也會被送進監牢，但宏都拉斯卻還未真的實行過這項罰則。

做為曾經馬雅人的太陽神，這些鸚鵡又是怎麼來到金剛鸚鵡山鳥園的呢？

金剛鸚鵡山鳥園（原名：Macaw Mountain Bird Park）一開始成立於羅丹島，只是單純收養被棄養的鳥兒。隨著慢慢發展，協助保育、復育瀕臨絕種的鸚鵡也成了他們的重點工作。

鳥園位於距離科班遺址十分鐘車程的森林裡，小溪流過森林帶來陣陣舒適的涼意，走進這個鳥園氛圍十分平和。籠子裡關著不同品種的中美洲特有鳥類，牠們正在悠閒整理自己的羽毛，除了緋紅金剛鸚鵡之外，也有其他品種的鸚鵡以及大嘴鳥。園內目前收養了約280隻，30種不同品種的鳥兒。

牠們各自有刻骨銘心的鳥兒故事，有些是從盜賣者的手上搶救回來後送來這裡。有些則是長期因為照顧不當，成為狀況堪憂的受虐鳥兒。

依法來說國鳥鸚鵡並不能買賣，實際上卻還是有很多人擁有牠，飼主看中牠們的漂亮毛色、鸚鵡的聰明特性，花高價買到手之後，卻根本不懂得怎麼照顧牠們，在毛色已不漂亮或主人不想要之後遭到棄養。剛來到鳥園的牠們，毛也掉了、體殘多病，更不敢妄想正常的飛行翱翔。

不同於一般鳥園，這些鳥兒只是暫時性的住客。鳥園每年至少會固定放飛金剛鸚鵡跟其他鳥兒一次，一次讓八隻鳥一起成群結隊的離籠，籠子

這隻國鳥寶寶，在Covid-19期間被鳥園的生物學家孵育出來並仔細照顧。鳥園在整個科班山谷區域中放置適宜鸚鵡居住的人工巢穴，另外更有十一個巢穴就放置在馬雅遺跡裡。

不是牠們永久的歸宿，而只是休養的地方。園內有生物學家、獸醫跟技術人員專門照顧鳥兒，等牠們恢復健康、狀況良好，就是離籠的時候了。

　　傷痕累累的牠們，在悉心的照顧下，羽翼漸漸豐滿起來，牠一點一滴的復原，一天一天離回到天空的日子更近。牠們在鳥園裡休養生息，是為了下一次的飛翔。原來存在於籠子裡的，不一定是永遠失去的自由，而可以是孕育對未來的希望。

　　拍拍翅膀，牠在馬雅金字塔前振起牠一身珍稀美麗的羽毛，鮮豔的毛色驕傲展現在眾人眼前。盯著牠的也曾是一雙馬雅人崇敬的眼神、盜獵者

鳥園將健康的緋紅金剛鸚鵡重新放回到山林中。

貪婪的眼神、生態保育者小心翼翼呵護的眼神。在眾人屏氣的凝視中，曾經瀕臨消失的牠展翅飛起來了，旁邊跟著的是牠形影不離的伴侶。

　　牠們肆意自在的翱翔在森林中，紅色長長尾巴襯托出牠的優美弧線。千年已過，牠還是那個驕傲自信，飛翔於地球跟天堂之間的太陽神。牠飛過馬雅人的金字塔，俯瞰著拉丁美洲這片土地。在大盛大衰、大起大落之後，就如同追尋著夢想的人們，終將飛離牢籠與枷鎖，迎來生命中一道新的曙光。

後記

　　書的結尾，來聊個天。這些是從2011年到2021年初之間發生的一些小故事。想要寫作這一本書的想法已經醞釀很久，卻一直斷斷續續到2021年初才完稿並且終於獨立出版這本書。

　　這當中經歷了懷孕生產還有教學工作，常常只能趁工作忙完、孩子也睡了，才能靜下心來繼續寫作，這種堅持只是單純想要完成它，聊聊占據我生命中重要位置的這個地方。

　　拉丁美洲是我第二個家，帶給了我人生豐富的禮物。這個家美好甜蜜，雖然有時候讓人無奈火大，我還是愛它包容它，正如同它也包容我。寫作這本書的同時，也幫助我釐清跟思考許多曾經糾結的習題，甚至可以說這是一個找尋答案的過程。

　　某些章節的反轉，是我想突顯拉美之所以可貴的地方，這個地方赤裸裸的呈現出許多人性面。在危難當中，有人急著要伸出援手；在面對恐怖的治安暴力時，有人則堅守不離的耕耘。拉美人以樂觀的態度面對艱難的生活，活得很堅韌。在特殊的環境下，更能看到人性的黑暗與良善，這本書是我對所有在這片土地上，選擇努力善良活著的人的一個敬意。

　　末章訪談的巴拉圭消防員、Chispa Project、Macaw Mountain Bird Park，無論在什麼社會，都有這些默默努力付出的人，他們的成員就是來自你我。本書雖以黑暗現實的篇章起筆，然而並非只有拉美，每個社會裡都不免有它自己的問題，我們的努力跟對周遭人事物的善意才是關鍵，這股力量看似渺小，卻是引領我們走過黑暗，帶來新契機的起點。

最後感謝拉美牽起我跟大家的緣分、翻閱這本書的你、我所遇到的每一個人。感謝當時協助我留下、跟我續約的中美洲科技大學以及國立亞松森大學。特別感謝朋友們對本書的贊助、佳雯跟佩樺協助校對，許多曾一同待在拉美的好友更協助提供照片及寶貴意見，多虧了大家的支持，這些小故事才得以順利成書。也感謝我臺灣的家人朋友、我先生Jaime David Colmán Fleitas跟女兒邵心樂，一直陪在我的身邊支持我愛著我。

　　這本書暫告一段落，旅程還未結束，這塊迷人的土地有更多精彩跟感動的故事等著你來發現，讓我們一起繼續走下去吧。

後記

國家圖書館出版品預行編目資料

我的拉丁美洲：在混亂美感中擁抱自由／邵澤琴
著. --初版.--臺中市：白象文化事業有限公司，
2021.4
　　面；　公分
ISBN　978-986-5559-77-9（平裝）
1.文化 2.異國婚姻 3.風俗 4.拉丁美洲
754.3　　　　　　　　　　110000279

我的拉丁美洲：在混亂美感中擁抱自由

作　　　者　邵澤琴
校　　　對　林佳雯、林佩樺
內頁、封面修圖　Jaime David Colmán Fleitas
友情贊助　呂昭儀、劉舜豪、簡如玉
專案主編　黃麗穎
出版編印　吳適意、林榮威、林孟侃、陳逸儒、黃麗穎
設計創意　張禮南、何佳諠
經銷推廣　李莉吟、莊博亞、劉育姍、王堉瑞
經紀企劃　張輝潭、洪怡欣、徐錦淳、黃姿虹
營運管理　林金郎、曾千熏
發 行 人　張輝潭
出版發行　白象文化事業有限公司
　　　　　412台中市大里區科技路1號8樓之2（台中軟體園區）
　　　　　出版專線：（04）2496-5995　　傳真：（04）2496-9901
　　　　　401台中市東區和平街228巷44號（經銷部）
　　　　　購書專線：（04）2220-8589　　傳真：（04）2220-8505
印　　　刷　基盛印刷工場
初版一刷　2021年4月
定　　　價　320元

白象文化　印書小舖　出版・經銷・宣傳・設計
www.ElephantWhite.com.tw　f 自費出版的領導者　購書 白象文化生活館